GUERRE DES ANGLAIS

1429-1435

UN CHAPITRE

DE

L'HISTOIRE DE TROYES

PAR

M. T. BOUTIOT.

PARIS

TECHENER, LIBRAIRE, RUE DE L'ARBRE-SEC, 55

TROYES

BOUQUOT, LIBRAIRE, RUE NOTRE-DAME

—

1861

UN CHAPITRE

DE

L'HISTOIRE DE TROYES

1429-1435

———◆———

La ville de Troyes venait de reconnaître pour son souverain seigneur le dauphin Charles, qu'à partir de ce moment ses contemporains nommèrent Charles VII. Jeanne Darc avait, aux portes de la ville, exercé sa magique puissance sur l'armée royale et sur ses chefs, et, à l'aide des intelligences pratiquées parmi la population troyenne, le roi, après avoir campé pendant quatre jours sur les hauteurs du bourg de Croncels, fit son entrée à Troyes le 9 juillet 1429. L'enthousiasme fut de la cérémonie, et le roi pardonna. Le roi accorda aux habitants *un traité* par lequel « il fait savoir que ses bien-aimés les gens
» d'église, bourgeois et habitants de Troyes ont, solennelle-
» ment et en toute révérence, envoyé par devers lui leur évê-
» que, accompagné d'un bon nombre de notables gens d'église
» et de séculiers, qui l'ont reconnu pour eux et par eux leur
» seigneur souverain et naturel, et qu'en toute humilité ils lui
» ont rendu pleine obéissance, suppliant de mettre le passé
» en oubli, et de leur pardonner et abolir en les recevant et
» recueillant en sa bonne grâce comme ses vrais et loyaux su-
» jets qu'ils désirent être perpétuellement. » Ce traité ne comprit qu'un pardon général. Le même jour, un autre *traité* fut délivré aux habitants de Troyes. Le roi y déclare les habitants

et leurs biens entièrement libres, à la charge de faire serment
d'être à l'avenir bons et loyaux sujets. Ceux d'entr'eux qui ne
voudront pas prêter serment pourront quitter la ville en emportant leurs biens, et il leur sera délivré un sauf-conduit pour
se retirer où ils le jugeront convenable. Tous les biens mis en
sûreté dans la ville sont déclarés libres et seront rendus à leurs
propriétaires. Il en sera de même du sel quand même il appartiendrait à des marchands qui sont hors de l'obéissance du roi,
à moins, toutefois, qu'ils soient nés en Angleterre. Les habitants
de Troyes sont libres de commercer avec les habitants de la
Bourgogne, de Paris et d'autres pays, de même que les marchands de ces pays pourront venir « marchander et converser »
à Troyes et aux environs, à l'exception des gens de guerre.
Tous les titulaires d'offices et de bénéfices sont maintenus
dans leurs fonctions et dans leurs titres, à la condition de prendre de nouvelles lettres du roi. Toutes les impositions et qua-
trièmes cesseront. La monnaie sera conservée au cours du jour
et sera de bon aloi. Elle circulera jusqu'à ce que la nouvelle
soit en quantité suffisante pour satisfaire aux besoins des habitants. Les gens d'armes, qui sont en ville, pourront la quitter
en emportant leurs biens. Le roi ne mettra ni capitaine ni garnison dans la ville de Troyes, sinon en cas de grande nécessité. La
forteresse de Saint-Lyé, appartenant à l'évêque de Troyes, sera
rendue, et il n'y sera pas mis de garnison. Enfin, le roi décharge
les habitants de tous arrérages d'impôts, de quelque nature
qu'ils soient (1).

Ces traités, auxquels assistaient le duc d'Alençon, Regnault
de Chartres, archevêque de Reims et chancelier de France, le
comte de Vendôme, les évêques d'Orléans et de Seez, les sires
d'Alebret, de la Trimoille, de Laval, de Trèves, de Raiz, le maréchal de Sainte-Sévère, l'amiral, les sires de Maillé, de Gau-
court, d'Argençon et autres, furent les premières faveurs que le
roi accorda aux Troyens, et bientôt ceux-ci obtinrent des lettres
qui facilitèrent le développement de leur commerce et de leur
industrie.

Mais la soumission de la ville de Troyes, puis celle de Reims
et de Châlons n'amenèrent pas de suite celle de la province. Si

---

(1) Arch. mun. inv. Delion, n° 2, liasse 7ᵉ, pièces 1ʳᵉ et 2ᵉ originaux.

la ville de Troyes fut, après la levée du siége d'Orléans, la première qui reconnut le pouvoir de Charles VII, en sa qualité de roi de France, elle eût, à partir du jour de sa soumission, de nombreux sacrifices à faire pour rétablir l'autorité royale parmi les populations d'entre Seine et Yonne. Tout le pays d'alentour, jusqu'aux portes de Troyes, n'obéissait qu'au duc de Bourgogne ou aux Anglais. Il fallut combattre, entretenir des gens de guerre, augmenter son matériel d'attaque et de défense, veiller à la sûreté intérieure de la ville, répandre et porter des secours de toutes sortes aux villes, aux châteaux et aux populations qui passaient sous le pouvoir du véritable roi de France ; enfin, entretenir les troupes royales de vivres et de provisions de guerre.

Les événements de cette époque firent modifier profondément l'administration de la cité. Antérieurement, le conseil avait été composé de douze habitants, et, avec ou sans ce conseil, un voyeur élu par les habitants était chargé d'une partie de ce que nous appellerions aujourd'hui le service municipal. Il ne relevait que des habitants auxquels il rendait ses comptes annuels le jour de la Saint-Barnabé (11 juin), dans une assemblée réunie au Beffroy au son de la cloche. La construction et l'entretien des fortifications appartenaient exclusivement aux maîtres des œuvres qui, à cette époque, ne pouvaient plus suffire à la besogne.

La police de la ville, la correspondance et les relations avec l'extérieur, les approvisionnements de toute nature, les besoins de la guerre demandaient la constitution d'un pouvoir permanent chargé de veiller sur la sûreté et la vie des habitants. Ce serait dans ces graves circonstances que se forma un conseil composé « de trente notables habitants élus, de par les trois » états de la ville, en assemblée générale, tant parmi les gens » d'église que parmi les laïcs. » Ces trente élus reçurent pouvoir de représenter la communauté des habitants, de traiter les affaires communes, et dans le cas où les trente élus ne pouvaient tous vaquer chaque fois qu'il était nécessaire, quinze d'entr'eux pouvaient utilement délibérer et conclure.

Ce serait vers 1420 que ce conseil, composé de trente membres, aurait pris naissance. Ce conseil, ainsi constitué, ne passa pas l'année 1431.

A cette époque de douloureuse mémoire, tous ces pouvoirs ne suffisaient pas pour donner une complète sécurité aux habitants. Toutes les fois qu'il s'agissait de dépenses, de levée d'impôts ou de deniers de quelque nature que ce soit, ou que l'on craignait quelques attaques contre la ville, ou à la réception de lettres ou mandements royaux, on réunissait les habitants en assemblée générale, tantôt dans un lieu, tantôt dans un autre. Ces réunions se faisaient le plus souvent au palais royal ou salle royale, en la loge du prévôt, en l'église de Saint-Pierre, en l'hôtel de l'évêque, et même dans l'église de Saint-Pantaléon, tandis que les maîtres des œuvres et les élus, pour la vérification des comptes, avaient leurs chambres spéciales. Les archives communes étaient vers cette époque déposées à l'Hôtel-Dieu-le-Comte.

Le premier siége, auquel les habitants de Troyes prirent part après leur soumission, fut celui du château de Chappes, l'un des plus considérables et des mieux fortifiés des environs (1).

René, duc de Bar, vint au nom du roi faire ce siége, aidé de Barbazan, « prudent et vaillant chevalier, » capitaine général de Champagne. Les assaillants étaient au nombre de deux à trois mille. Si l'attaque fut vive, la défense, commandée par le sire d'Aumont et son frère, fut énergique. Antoine de Toulongeon, maréchal de Bourgogne, le comte de Joigny, les sires de Vergy et la meilleure parti de la noblesse de Bourgogne, vinrent au secours des assiégés avec au moins quatre mille hommes. Mais repoussés par le duc de Bar et par Barbazan, et mis en déroute, le château de Chappes tomba bientôt au pouvoir du duc et devait être démoli. Les Bourguignons perdirent environ soixante hommes. Parmi les morts, on nomma Charles de Rochefort, sire de Plancy.

La ville de Troyes envoya pour ce siége des hommes, des approvisionnements de toutes sortes, une bombarde, un gros et deux petits voguelaires, et des munitions pour ces pièces d'artillerie (2).

---

(1) On peut encore en juger aujourd'hui par l'étendue des fossés qui ne sont pas remplis.

(2) 2,700 liv. de poudre à canon et à couleuvrine, à 16 liv. le cent.
3,700 traits d'arbalètes à 4 liv. le mille.
2,700 plombées (balles), à 6 sous 3 den. le cent.
200 maillets de plomb.
37 pierres pour la bombarde, à 25 sous pièce.
24 pierres pour le gros voguelaire, à 12 sous 6 den. chacune.
30 pierres pour deux voguelaires à 6 sous l'une.
200 tourteaux pour faits à 6 den. la pièce.

Ce siége fut suivi de plusieurs autres.

Les habitants de Troyes avaient traité avec le roi ; ils avaient obtenu de lui une « abolition » complète des faits passés : il n'en n'était pas de même pour les dettes qu'ils avaient pu contracter antérieurement à leur soumission.

Le 14 juin, le sire de Chateauvillain, qui suivait le parti du duc de Bourgogne, et possédait plusieurs seigneuries aux environs de Troyes, avait fait prisonniers un certain nombre d'habitants de Troyes revenant de Paris, et parmi lesquels se trouvaient Me Nicole de la Loge, abbé de Montier-la-Celle ; Me Guillaume Galleret, curé de Saint-Jean ; le commandeur du temple de Troyes ; Jean Michelet ; Guillaume de Pleurres ; Nicolas Le Tartrier, marchand drapier ; Jean de Mesgrigny, notaire royal. La ville, par l'entremise de Jean de Dinteville, bailli de Troyes, composa avec le sire de Chateauvillain qui les tenait en charte privée dans son château de Chateauvillain. La ville s'engagea à payer à ce seigneur deux mille saluts d'or « pour éviter les ef- » fets de sa fureur et plusieurs entreprises faites par ses gens » contre des habitants de la ville qui naguères l'avaient défié. » Cette somme fut payée par les habitants. Elle avait été répartie sur eux par les soins du conseil. Cette levée de deniers donna lieu à de nombreuses difficultés.

Quelques corporations de métiers s'élevèrent contre une première répartition. Les opposants prétendaient que l'impôt était mal assis et que le clergé n'avait pas été chargé dans une proportion suffisante. Ils obtinrent la révocation des premiers élus à la répartition de cette levée de deniers. Non satisfaits, les tanneurs employèrent la violence pour en empêcher la cueillette, et avec leurs ouvriers ils envahirent le palais royal et commirent des excès qui motivèrent une information criminelle.

Mais la contestation ne prit pas fin au conseil de ville. Les difficultés furent portées en première instance à l'officialité et en appel à la juridiction de l'archevêque de Sens.

On sait quel abus les juges d'église firent de l'excommunication. Après avoir servi à la répression de faits commis contre les lois de l'Eglise, cette peine fut appliquée à ceux qui contrevenaient aux volontés des membres du clergé, au temporel comme au spirituel. Elle fut appliquée à des débiteurs laïcs, avec contrainte par corps, à l'occasion de sommes dues à d'autres laïcs ayant saisi l'officialité de leurs demandes. Plusieurs décisions furent rendues en cour d'église à l'occasion d'impôts levés au nom de la ville. Ainsi, Perrinet Hennequin, concierge du palais royal, fut poursuivi en cour d'église pour obtenir paiement de certaines provisions de bouche achetées pour le besoin des personnes chargées de la taille de M. de Chateauvillain, et la peine de l'excommunication fut prononcée contre lui.

Le 24 septembre 1429, la ville reçut, par un chevaucheur de M. de Clermont, une lettre close du roi à laquelle était joint l'acte de trève passé entre le roi et le duc de Bourgogne. Le roi faisait savoir qu'il avait nommé M. de Clermont gouverneur de Champagne. Ce messager était aussi porteur d'une commission royale donnée à Boson de Fages, bailli de Montargis, afin d'imposer sur la province de Champagne et de Brie une somme de huit mille saluts d'or destinée à couvrir une partie des dépenses faites pour assiéger Vitry et Sainte-Menehould. Ces lettres furent lues dans une assemblée du conseil, en présence du bailli. Boson de Fages invita les gens du roi à faire leur devoir. Mais on lui objecta l'insuffisance des assistants, et l'assemblée fut remise au lendemain. Le lendemain on décida la levée de cette taille; mais au lieu de huit mille saluts d'or que demandait le roi, Boson de Fages ne put obtenir que sept cents livres.

A cette époque, la ville doublait sa garde et l'inquiétude régnait partout, malgré les trèves. Le roi expédia aux habitants de Troyes une lettre pour leur annoncer que M. de Vendôme avait mission de les secourir s'il était nécessaire.

Cette lettre, écrite de Gien, était accompagnée d'une autre de Jeanne Darc. Cette dernière, qui n'existe plus, prouve que l'héroïne champenoise tenait les habitants de Troyes en bonne considération puisqu'elle leur fait savoir qu'elle a été blessée devant Paris et qu'elle se recommande à eux. Cette lettre, écrite devant Gien, était datée du 22 septembre [1].

Le 16 octobre, le bailli de Troyes quitta la ville pour se

[1] Assemblée du conseil de ville du 2 octobre :
« Pareillement furent en ladite assemblée publiées unes lettres de » Jehanne la Pucelle escriptes à Gien XXIIe jour dudit mois par » lesquelles elle se recommande à Messieurs, leur fait savoir de ses » nouvelles et quelle a esté bleciée devant Paris. »

rendre près du roi. Avant son départ, il réunit les habitants et leur recommanda de faire bonne garde. Il leur annonça qu'il avait donné mission à Antoine Guéry, prévôt, de le représenter pour les affaires de la guerre. M⁰ Pierre Le Tartrier était chargé de l'administration de la justice; et Messire Jean Léguisé, évêque de Troyes, et M⁰ François de la Grange, conseiller du roi, devaient les aider de leurs bons conseils. Il invita chacun à prendre pour enseigne la croix droite, afin de pouvoir se reconnaître sur les murailles et les remparts.

Le bailli quitta Troyes à deux heures de l'après-midi, accompagné du clerc de la ville, Laurent Tourier et de François Léguisé. Une « ambassade » plus nombreuse devait se rendre près du roi, mais les membres désignés ne quittèrent pas la ville. Laurent Tourier et François Léguisé ne rentrèrent à Troyes que le 15 janvier suivant. Leur mission n'avait pour cause que l'intérêt de la ville. Aussi est-ce pendant qu'ils se trouvaient à la suite du roi que la ville obtint les lettres complémentaires du traité du 9 juillet.

Les marchands de Troyes désirant l'augmentation et l'accroissement de la ville, tant en bonne réputation qu'en richesse, avaient demandé au roi la faveur de former, dans l'intérêt de la navigation, une hanse ou société, franche de tous droits, notamment « envers la compagnie française qui était au » pays de France (à Paris), et la compagnie normande qui était » au pays de Normandie (à Rouen) (1). »

Par leurs envoyés, les habitants de Troyes obtinrent la faveur qu'ils sollicitaient vivement. Ils furent autorisés à conduire ou à faire conduire en franchise leurs marchandises jusqu'à la mer, et à remonter ou faire remonter les denrées de toutes sortes jusqu'au port de la Seine le plus rapproché de Troyes ou à cette dernière ville, s'il était ou devenait possible, sans payer aucun droit aux compagnies de navigation de Paris ou de Rouen.

Chacun des marchands hansés était tenu de payer, une fois seulement, la somme de soixante sous et un denier, applicable à l'œuvre des fortifications, les travaux nécessaires pour rendre la Seine navigable demeurant à la charge de la ville. Bientôt

---

(1) Ces deux villes étaient au pouvoir des Anglais.

après, le conseil fit visiter la Seine de Troyes à Méry, alors dernier port de la Seine, afin de reconnaître l'importance et la nature des travaux à exécuter. Le clergé fut peu favorable à ce développement des relations commerciales, mais il avait pour adversaire Guillaume de Pleurres, ardent défenseur du projet de navigation (1).

Les lettres-patentes furent données le 19 novembre 1429 par le roi et datées de Mehun-sur-Yèvre. Le même jour, Charles VII permettait aux habitants de Troyes d'imposer le pain, le vin et d'autres denrées et marchandises à leur entrée en ville, et d'appliquer le produit de cet impôt aux fortifications.

L'évêque Jean Léguisé s'efforçait de ramener l'ordre dans le culte, aussi le 10 novembre 1429 rendit-il une ordonnance contre seize barbiers et une *barbière* afin de les obliger à célébrer certaines fêtes, notamment celles des Apôtres, ainsi que les dimanches et autres solennités, sauf toutefois le cas de nécessité ou bien si quelque seigneur de passage à Troyes voulait, pour quelque cause ou par honnêteté, entrer dans leur boutique et y déposer ses cheveux ou sa barbe. Dans ce cas, la moitié du gain devait être versé à la bourse commune pour la messe de la communauté. Ce règlement fut accepté par tous les barbiers.

Dès le commencement du xve siècle, on saisit avec certitude l'organisation du guet de la ville de Troyes. Le receveur des deniers communs, qui cumule avec cet emploi celui de clerc des habitants de Troyes, est chargé de rechercher les habitants qui peuvent faire partie du guet. Il dresse alors « un livre des hommes de fer et des hommes de pourpoint. » Ces noms désignent suffisamment quels étaient les vêtements de guerre. Chacun était alors généralement armé de maillets de plomb nommés « plombées. » Les hommes de fer, choisis dans la bourgeoisie et dans le clergé, étaient plus spécialement armés de couleuvrines. Odinot de Dijon est, en 1429, chevalier du guet pour la ville de Troyes aux gages de 40 liv. par an. Le guet se divisait par dizaines et par sizaines. On compte vers cette époque environ soixante dizaines d'hommes composant la garde de la ville.

---

(1) Voir sur ces faits : *Notice sur la navigation de la Seine et de la Barse,* publiée par moi; *Mémoires de la Société Académique de l'Aube,* t. XX, p. 75.

Au mois de février 1429 (vieux style) on recommande la plus active surveillance aux portes, et l'on fait abattre plusieurs arbres vers la porte de Saint-Jacques. Les vignes y sont tenues dégarnies de leurs échalas. Les gens des villages de la banlieue font « guet et garde, » selon l'ancienne coutume.

Le conseil arrête la construction de quatre boulevards, en outre, de quatre autres auxquels on travaillait. Il fait ficher des pieux dans la rivière pour empêcher l'entrée des bateaux en ville ; car on craint du côté de la Bourgogne, on a signalé plusieurs bateaux à Chappes. Il est défendu pendant les « di- » manche, lundi et mardi de karème prenant, » de sortir de la ville à cause de la crainte inspirée par les ennemis qui, disait-on, se dirigeaient sur Troyes. S'il vient « quelqu'effroi, » les habitants du quartier de Comporté doivent se rendre dans leur quartier et dans celui de Saint-Jacques, et chacun doit être prêt à monter sur les remparts, muni de son harnais, de plombées, de couleuvrines, et de tous autres appareils de guerre. Chaque sixaine devra être munie de sacs en cuir contenant chacun quatre livres de poudre. Le conseil envoie dans les quatre quartiers des gens chargés d'encourager les habitants à la résistance et de leur « bailler règle de gouvernement. » Il ordonne enfin la fabrication de chausse-trappes.

Les gens de guerre tiennent toujours les champs, soit pour le roi, soit pour le duc de Bourgogne ou les Anglais. Le feu a été mis à Chaource et à Vendeuvre, et ces deux « villes » ont été pillées, sans doute par les gens de guerre tenant pour le roi, puisque les habitants se plaignent de leurs malheurs à ceux de Troyes. Ceux-ci s'en défendent en leur écrivant qu'ils ne se mêlent point des affaires des gens de guerre qui ne sont pas à leurs gages.

Le 13 mars 1429 (v. st.), M. le bailli, quittant le roi, revint à Troyes. A son retour, il déclara au conseil combien les oppressions que les habitants supportaient de ses ennemis étaient pénibles au roi qui offrait d'envoyer une garnison à Troyes, si les habitants y consentaient. Mais sur cette proposition, « Messieurs » du conseil répondirent au bailli qu'ils étaient tous au roi, » prêts à obéir à ses commandements, et qu'en gardant leurs » loyautés envers lui ils garderaient très-bien leur cité avec » l'aide de Dieu, que M. le bailli en rende compte au roi.

» Et quant à mettre garnison dans la ville de Troyes, le roi

» notre sire, décide le conseil, en faisant le traité de la reddi-
» tion de la ville avait accordé aux habitants qu'ils en auraient
» la garde et qu'il n'y mettrait garnison sans leur requête ;
» que de garnison, ils n'en veulent point; que M. le bailli écrive
» au roi leur volonté. »

La ville de Troyes était ville frontière de Bourgogne, après la
reconstitution du duché en grand fief du royaume sur la tête de
Philippe-le-Hardi et sur ses descendants. Les branches cadettes
de Bourgogne possédaient, en outre, des terres en Champagne.
Ces terres étaient celles de Jaucourt, de Beaufort, de Chaource,
de Villemaur et d'Isle. Celle-ci touchait au bourg de Croncels,
puisque les villages de Montaulin, de Verrières, de Bûchères,
de Moussey et de Rosières en dépendaient. Les seigneuries
d'Ervy, de Saint-Florentin firent partie du domaine des rois de
Navarre aux xive et xve siècles. Les possesseurs de ces seigneuries étaient, à de rares exceptions près, dans le camp des ennemis du roi, quand ils n'étaient pas à leur tête. Cette situation
fut celle de la ville de Troyes pendant près d'un siècle, et elle
fut la cause principale de la décadence administrative et politique de notre cité.

Cette proximité avec les terres ennemies qui s'étendaient
même dans la banlieue fit jeter sur la place les monnaies bourguignonnes en grande quantité. La présence des Anglais en
Champagne eut le même résultat pour les monnaies anglaises.

Charles VII, dans le courant de février 1429 (v. style), modi-
fia la valeur des monnaies, et dans une assemblée composée
d'environ 160 notables habitants, et à laquelle assistait l'évêque,
il fut donné lecture du mandement du roi. Les habitants témoi-
gnèrent de leur crainte sur le résultat de son exécution. Ils firent observer que le roi n'était pas obéi au pays de Bourgogne,
même sur les terres de la seigneurie d'Isle qui avoisinent la
ville et qui appartiennent à M. de Nevers. Ils craignent que la
monnaie royale soit transportée sur ces terres où elle aura un
plus haut prix, et que bientôt elle manquera à Troyes. Enfin, les
habitants demandent aux officiers royaux de surseoir à l'exécution des ordres du roi. Mais l'assemblée n'obtient qu'un refus.

Après une longue discussion, il est décidé que, pour secourir
le pauvre peuple et dans l'intérêt du bien public, on écrira à
ce sujet à « M. de Vendosme et de Chartres, lieutenant du roi,
» par deçà la rivière de Seine, à cause du peu de sûreté des

» chemins et de la présence des ennemis, le roi étant en pays
» trop éloigné pour entreprendre le voyage. » La réponse fut
favorable à la demande des habitants, et il fut sursis à l'exécution du mandement royal.

Dans le cours de l'année 1430, la ville de Troyes, replacée
sous l'autorité de Charles VII, souffrait de son isolement, et chaque jour elle redoutait les attaques des Bourguignons qui entou-
raient la ville. Elle pensa dans ce moment calamiteux qu'une
assemblée « des Trois Etats » pouvait apporter quelque soula-
gement à ses maux. Les gens du clergé, les bourgeois et habitants de Troyes envoyèrent donc quelques-uns d'entr'eux remontrer à M. de Barbazan « que pour la très-grande prudhomie et
» loyauté que le roi met en sa personne, il l'a commis capi-
» taine général de Champagne, et, à ce titre, lui a donné pou-
» voir de convoquer et assembler les gens des Trois Etats. »

M. de Barbazan, en qui les Troyens plaçaient la plus grande
confiance, répondit à cette demande par la convocation à peu
près immédiate des députés des Trois Etats de la province.

Le clergé, les bourgeois et habitants de Troyes élurent pour
députés à cette assemblée provinciale Jean de Grève, procureur
du roi, et Jacques de Valières. Leur procuration fut dressée par
Parisot Coley, fermier du tabellionnage à Troyes. La réunion
se fit à Châlons, où les deux députés de Troyes se rendirent en
compagnie de M. de Barbazan. Deux valets composaient leur
suite, et la ville leur paya 176 liv. 10 sous 6 d. (1).

Aucun document, que nous sachions, ne nous a conservé le
souvenir des matières traitées dans cette assemblée, ni des résolutions qui y furent prises.

Les gens de guerre furent toujours en course pendant l'année
1430. Bar-sur-Seine subit un siége, et son château fut pris,
puis fut repris par le sire de Beauffremont, au nom du duc. Le
château de Jully fut aussi forcé. Celui de Saint-Liébault, occupé par le duc de Bourgogne, fut assiégé et pris par Barbazan
qui le fit démanteler. Mais Catherine de Fontenay, veuve de
Jean de Courcelles, sire de Saint-Liébault, le fit relever de sa
propre autorité, tant pour sa sûreté que pour celle des gens de

---

(1) Plus de 7,000 liv. de notre monnaie, valeur de 1847, suivant
Leber.

sa seigneurie, contre les troupes anglaises et bourguignonnes. Cette réédification déplut aux Troyens qui demandèrent à M. de Barbazan d'exécuter le mandement du roi ordonnant la démolition de cette forteresse. Ils voulaient qu'il fût mis en la possession de Jean de Chaumont, ce qui eut lieu. La ville de Troyes coopérait activement à ces faits d'armes. Elle contribua en hommes, en argent et en munitions de guerre aux siéges de Marigny et d'Anglure, où elle envoya une bombarde, des voguelaires, de la poudre à canon et à couleuvrine, des traits d'arbalètes, et des pierres taillées pour charger la bombarde et les voguelaires.

Un pareil état de choses, créait un grand nombre de vagabonds, dont la ville était souvent encombrée. C'était un surcroît de préoccupations pour l'administration urbaine. Il fallait les nourrir, les surveiller pendant la nuit, et s'assurer que parmi eux il ne se trouvât pas quelques espions du parti contraire. Dans un de ces moments où les troupes ennemies approchaient des murs de la cité, on publiait quelques ordonnances de sûreté générale de la nature de celle que nous rapportons. Celle-ci est du 1er mars 1430 (v. st.), elle fut délibérée dans une assemblée de 95 habitants :

« Or, écoutez, de par le roi notre sire et du commandement
» de M. le bailli de Troyes, l'on défend à peine de la hart à
» toutes personnes étrangères ou autres qui sont venues se re-
» tirer en cette ville qu'elles ne s'entremettent d'approcher des
» portes de la ville, pour quelqu'événement qui arrive : c'est à
» savoir à la porte de Saint-Esprit plus près que l'hôtel des Mo-
» res, à la porte du Beffroy plus près que l'écu de France, ou
» l'hôtel de la Monnaie et à la porte Saint-Jacques que l'hôtel
» de Saint-Nizier; et d'abondant, que personne ne porte de jour
» ou de nuit dans la ville, dagues, épées, haches, masses, ju-
» zarmes, lances ni autres bâtons, punissables, à peine de per-
» dre ces bâtons et de soixante sous d'amende. L'on fait aussi
» commandement à tous hôteliers et taverniers de la ville
» d'avoir à notifier toutes ces choses à leurs hôtes et qu'ils ap-
» portent leurs noms et surnoms par écrit à la justice, deux
» heures après leur arrivée à peine de pareille amende de
» 60 sous.
» Il est de plus défendu à tous marchands, hôteliers, coutu-
» riers, pelletiers, gipponniers, cordonniers, fourbisseurs et au-

» tres gens de prendre en paiement aucune dette contractée
» pour cause de rançon à peine d'amende. »

Le 3 octobre 1430, la nouvelle se répandit que les Anglais
avaient, la veille, pris la ville de Provins et celle de Nogent-sur-
Seine. Sur cette nouvelle on arrêta qu'il serait formé de suite
une compagnie de cent hommes de guerre qui demeurerait à la
disposition du conseil. On fixe les lieux où la force armée se
réunirait « en cas d'effroy » et les chefs choisis par le conseil
furent pris dans son sein. On ordonne la refonte des roles
d'hommes de fer et de pourpoint, et le conseil arrête qu'il ne
soit point vendu de vin depuis les portes jusqu'aux chaines des
carrefours les plus rapprochés, et que dans cette partie de la
ville il ne demeure point de tonneliers. Le conseil décide encore qu'il sera écrit au roi « de la piteuse fortune survenue à
» ceux de Provins et de Nogent, et aussi pour lui demander
» confort. »

On travaillait avec activité à l'œuvre des fortifications, surtout au quartier de Saint-Jacques. En cette même année la ville
s'empara d'une partie des vignes de Chaillouet appartenant au
Chapitre de Saint-Pierre (1) pour le besoin des fortifications.

L'activité que les Troyens déployaient pour mettre leurs murailles en bon état de défense, leur fit concéder par le roi le
droit de pêche dans les fossés de la ville (2).

Dans les premiers jours de février 1430 (v. st.), les habitants
de Troyes reçurent une lettre de ceux de Châlons par laquelle
ceux-ci demandent des secours. Dans une première assemblée
du 4, ving-cinq habitants se trouvent réunis, mais, ce nombre
reconnu insuffisant, il est décidé qu'il y aura le lendemain une
réunion générale de tout le conseil, des notables et des sizainiers, à peine de 40 sous d'amende contre les défaillants.

La réunion du lendemain eut lieu en l'hôtel de l'évêque. On
y compta quatre-vingt-seize habitants. Le résultat fut favorable
aux habitants de Châlons. L'assemblée répondit aussi à M. de
Barbazan qui avait demandé des secours. Elle lui fit savoir
que la ville avait donné « aide et confort à la vidange des

---

(1) C'est sans doute la partie qui précédait la porte de Saint-Jacques et sur laquelle on éleva un boulevard ou ravelin et creusa le
canal qui sépare aujourd'hui la ville du faubourg.

(2) Lettres patentes données à Montargis en octobre 1430.

» places de Villeneuve-aux-Riches-Hommes, de Pont, de Ma-
» rigny, de Villeneuve-l'Archevêque, de Courgenay, de Saint-
» Liébault et de Chappes ; elle voulut que les frais que la ville
» avait payés et les charges qu'elle avait supportées, tant en
» deniers qu'en artillerie, poudre et gens de guerre, lui soient
» exposés, ainsi que l'état misérable du peuple. Il est de plus
» arrêté que l'on s'informera secrètement quel est le montant
» de l'aide fournie à M. de Barbazan par les villes de Châlons,
» de Reims et de Laon, et qu'on assurera les habitants de ces
» deux premières villes du concours des habitants de Troyes
» pour la vidange des places qu'ils ont intérêt à faire rentrer
» sous le pouvoir du roi. » Ce qui fut écrit.

A la même date, un marchand d'Angers introduisit à Troyes
une grande quantité de faible monnaie et d'un titre inférieur à
celle qui avait cours. Les habitants, puis le conseil, s'en ému-
rent. On en fit essai, et le résultat de l'expérience fut d'en constater la mauvaise qualité. Deux changeurs furent établis à l'hôtel de la monnaie pour couper les pièces reconnues faibles afin
qu'elles ne pussent, à l'avenir, circuler que comme billon.

Peu après, Charles VII ordonna l'abolition de certaines monnaies, grands et petits blancs, frappé au coin et aux armes du
roi, ainsi que la suppression des hôtels des monnaies de
*Naution, Aisse, Saint-Cyre, Massere, Termere, Montignat,
Charante, Angolesme, Faurias* et *Parthenay* comme fabriquant
de la monnaie fausse, contrefaite et de mauvais aloi. La suppression des hôtels des monnaies de *Saint-Andry-lès-Avignon,
de Villefranche, Loches, Melun, Sens* et *Château-Thierry* fut
aussi prononcée. En même temps le roi ordonne qu'il ne sera
plus frappé de monnaie qu'à *Tours, Angers, Poitiers, Chinon,
La Rochelle, Limoges, Figeat, Saint-Poursan, Bourges, Or-
liens, Tournay, Troyes, Châlons, Manjou, Lyon, Toulouse,
Montpesler, Le Poient-Saint-Esprit, Crémieu, Romans* et *Montélimart*. Il défend en même temps d'établir aucun hôtel des
monnaies dans son royaume sans sa permission (1).

Cette modification apportée dans la circulation des monnaies
jeta un grande perturbation dans la ville (2).

---

(1) Mandement royal du 28 mars 1450 (v. st.).
(2) C'est de ce mandement royal que certains auteurs datent l'établissement de l'hôtel des monnaies à Troyes. C'est une erreur, car

La réduction et le retrait de certaines monnaies et l'émission de nouvelles furent décidés dans le cours de l'année 1431 ; mais les habitants ne voulurent pas se soumettre à cette mesure. Ils motivaient leur refus sur ce qu'il n'y avait pas en ville de nouvelles monnaies, que les changeurs n'en étaient pas fournis, et que les officiers de la monnaie, ainsi que les changeurs, n'en possédaient pas vingt livres ensemble, qu'ils n'avaient pas même vingt livres de billon.

En mai 1431, la circulation des monnaies donna lieu à une émotion populaire qui, de la ville, s'étendit dans les environs.

Les monnaies devinrent peu à peu de si mauvais aloi que chacun les refusait.

Cet état des monnaies était général. A Joigny, à Nogent, à Bray, à Sens et dans d'autres villes encore elles avaient été décriées, tant leur titre était faible et variable. Mais le conseil de ville arrêta, après longue délibération, que la monnaie aurait cours comme par le passé sans aucun changement pour éviter le murmure du peuple qui avait tant à souffrir, qu'à peine s'il pouvait avoir du pain. Comme on refusait cette monnaie, le conseil ordonna qu'on serait contraint de l'accepter, sous peine d'amende.

Nous signalons ici l'énumération des diverses monnaies, « du » serment de France, » qui avaient le plus généralement cours dans la ville de Troyes. La complication de ces valeurs si diverses serait fort difficile à débrouiller à notre époque, habitués que nous sommes à la simplicité de notre système monétaire actuel.

Les écus de Montélimart valaient (en 1429) 27 sous 6 d., par suite de modification.

Les écus neufs au titre de 27 sous 6 d. t. n'étaient pris à la monnaie de Troyes que pour 26 sous 8 d. t.

Les saluts valaient un peu moins que les écus neufs, comme 313 est à 303 livres, c'est-à-dire 14 sous 2 d.

Les nobles, pesant environ sept onces, étaient vendus au prix de 90 liv. le marc d'or.

---

l'existence d'un hôtel des monnaies à Troyes, sans remonter aux comtes de Champagne, est constatée longtemps auparavant, notamment pendant le séjour des Anglais, en 1420.

2

Les francs d'or étaient pris à la monnaie pour 30 sous la pièce.

Les écus d'or valaient 17 sous 6 d.

Les écus, 21 sous 8 d.

Les moutonnés, 14 sous 2 d.

Les nobles d'or, 55 sous.

Les grands blancs, 10 d.

Les petits blancs, 5 d.

Les petits deniers étaient réduits à un demi-denier.

Les monnaies étrangères, circulant à Troyes, étaient celles de Lorraine, de Bourgogne et d'Angleterre, ainsi que les monnaies de Flandres.

Au printemps de l'année 1431, les gens de guerre remuent beaucoup aux environs de Troyes. Jean de Chaumont à qui on avait remis, pour le roi, le château de Saint-Liébault, s'empare de plusieurs voituriers de Troyes et de leurs chevaux, parce que les Troyens retiennent prisonnier un de ses hommes « pour ses » démérites. » Le conseil statue sur le sort de plusieurs prisonniers ennemis du Roi. Il fait écrire à Tristan l'Ermite (sans aucun doute celui qui devint le compère de Louis XI), à l'occasion de la prise de quelques habitants de Saint-Phal pour l'inviter à leur rendre la liberté, parce qu'ils reconnaissent l'autorité de Charles VII, et qu'ils ne sont pas gens de guerre. Vers le même moment, M. de Barbazan place M. le vicomte de Turenne dans Montiéramey afin de veiller de ce côté. « Les larrons » pillent dans les environs de la ville, la justice n'a aucune force et tout travail des champs cesse.

Les comptes des deniers communs nous ont gardé le souvenir des événements de cette époque. Dans les recettes qui, pour l'année finie le 30 septembre 1431, s'élèvent à 4419 liv. 14 sous 7 den. (1). On mentionne la vente de poudre à canon, de voguelaires et autres munitions et provisions de guerre aux habitants de Montiéramey, aux capitaines des villes de Mussy et de St-Florentin. Les dépenses qui se montent à 5165 liv. 8 sous 9 d. (2) comprennent les travaux des fortifications (2268 liv. 12 sous 1 d.),

_____

(1) Environ 120,000 fr. de notre monnaie, suivant Leber, valeur de 1847.

(2) Environ 140,000 fr. suivant le même auteur.

les acquisitions de salpêtre, de soufre, de voguelaires et de couleuvrines. Ainsi, Jean de Thou vend trois couleuvrines en fer pour quatre livres. Guillaume Pasquier, canonnier, reçoit 100 liv t. pour avoir fabriqué de son fer un gros voguelaire pesant 3,000 livres, et remis en état de service un autre voguelaire rompu au siége de Chappes. Puis viennent les dons aux grands seigneurs (104 liv. 8 d.), les dépenses faites pour les siéges de Marigny, de Chappes, d'Anglure et autres lieux, les ambassades envoyées près du roi (275 liv. 2 sous 2 d.), les achats de matériaux, etc. François de la Garmoise, élu par les habitants, fut institué receveur des deniers communs par le lieutenant-général du bailli. Ce comptable était cru sur son serment pour les dépenses faites par lui jusqu'à 20 sous. Le surplus devant être justifié par les mandements et ordonnances des maîtres des œuvres. Ses comptes étaient reçus « par six ou huit bonnes et » suffisantes personnes dont deux clercs et quatre ou six laïcs » élus par le bailli ou son lieutenant et les gens du conseil. »

Dans le cours de l'année 1431, le cardinal de Sainte-Croix, légat du pape, fut reçu dans la ville de Troyes. Le conseil décida « qu'il convenait de lui faire la révérence pour l'honneur » de Dieu et de l'Eglise, en gardant celui du roi et de la cité de » Troyes. » M. l'évêque et les bourgeois, ayant chevaux, allèrent au-devant du légat jusqu'au faubourg Saint-Antoine (1), et ceux qui n'en avaient pas l'attendirent à la première barrière, près des buttes (2). Les ordres mendiants et le clergé des paroisses, revêtus de surplis et de chappes, allèrent l'attendre à la porte du Beffroy et le conduisirent « à la grande église. »

Arrivé en son logis, *la ville* et messieurs du clergé allèrent « lui faire la révérence en requérant le fait de l'église, du roi, » du royaume et de la cité de Troyes. » M. l'évêque lui fit « le » propos » de la part de messieurs de la ville qui l'en avaient prié. Le présent de ville se composa de huit livres de « dragées » de chambre, » placées dans quatre « coffres, » et de quinze livres de cire, torches et bougie. Si M. le cardinal de Sainte-Croix n'eut pas été légat, il ne lui aurait pas été fait de procession.

Jean de la Trimoille, sire de Jonvelle et Guy de Jaucourt, seigneur de Villarnoult, ce dernier conseiller et chambellan du duc de Bourgogne, vinrent à Troyes le 15 avril 1431. Ils ne pénétrèrent en ville qu'à l'aide d'un sauf-conduit délivré au nom du roi. Tout en leur offrant les vins de la ville, ils furent l'objet d'une surveillance particulière. Ils logèrent, l'un à l'hôtel du Cerf-Couronné, l'autre à celui du Dauphin. Le prévôt les avertit qu'ils ne devaient pas sortir des hôtels qu'ils occupaient, et plaça une garde près de chacun d'eux. Le conseil de ville délégua de son côté Jean Hennequin et François de la Garmoise qui durent prendre leur repas avec eux, et les gens du roi avaient mission de se rendre compte des personnes qui les visitaient. Cette défiance, qu'il faut attribuer aux événements de l'époque, s'expliquerait difficilement de nos jours; car ces deux personnages importants de la cour du duc de Bourgogne s'acheminaient sans doute vers Charles VII afin de jeter les bases d'une trêve demandée instamment par le légat, afin d'employer les forces du duc « au reboutement des Praguois hérétiques. » Ces deux seigneurs avaient pouvoir d'arrêter cette trêve entre Charles VII et le duc de Bourgogne pour deux ans, notamment en faveur de la chatellenie de Bar-sur-Seine et autres places possédées par ceux qui suivaient le parti du duc dans les bailliages de Troyes, de Chaumont et de Vitry ainsi qu'en faveur de Chappes, de Montiéramey et de Troyes (3).

Les gens de guerre, bourguignons ou anglais, n'étaient pas les seuls ennemis redoutés à Troyes. En 1431, on découvrit une conspiration favorable au parti du duc. Pierre Darrantières, ancien clerc des habitants et receveur des deniers communs, pendant l'occupation de la ville par les Bourguignons et les Anglais, était à la tête du mouvement. Cette conspiration découverte, Pierre Darrantières et d'autres avec lui furent accusés de vouloir livrer la ville aux ennemis du roi. Ils payèrent de leur tête et de leur fortune leur attachement au parti bourguignon (4).

---

(3) Arch. de Bourgogne. Inv., t. Ier.

(4) Pierre Darrantières habitait l'hôtel de Chaumont, tenant à la cour de la Rose, et faisant le coin de la place dite autrefois de la Belle-Croix, et aujourd'hui de l'Hôtel-de-Ville. Cette maison appartenait au chapitre de Saint-Etienne, et le procureur du roi ayant fait saisir tous

Leur condamnation fut prononcée par Me Pierre Le Tartrier, lieutenant du bailli, alors Guillaume Bellier.

En 1431, on se plaint toujours des voleurs; on craint l'enlèvement des bestiaux, et l'on place, pour leur sûreté, des gardiens au pont de Foicy (Fouchy) et à celui de Saint-Parres, au gué de Layau et à la Planche-Quenat. La crainte est telle qu'un « étroit conseil » est formé. Il se compose du prévôt de Troyes, de Me Odart Hennequin, de Me Pierre Faultrier, de Guillaume de Pleurres, de Me Jean Hennequin, de François de la Garmoise, du commandeur du temple et de Jean Naget. Ce conseil se réunit tous les jeudis en l'hôtel de Laurent Tourier, clerc de la ville. On veut sévir contre « les larrons, » et après diverses propositions, le conseil arrête que le moyen le plus sûr pour arriver au résultat désiré si ardemment, c'est que chaque bourgeois aura un cheval et « un varlet, » et que chacun à son tour on parcourra les environs de la ville afin de faire bonne garde.

Sens se soumit à Charles VII le 27 janvier 1430 (v. st.), et peu après Nogent, Traînel, Méry, Dannemoine; Ervy et Saint-Florentin ne reconnurent le pouvoir de Charles VII que dans le mois d'avril 1431 (ap. paq.). Peu après, le roi envoie un capitaine et ses gens pour prendre garnison dans la première de ces deux villes avec commandement au bailli de leur ouvrir les portes. Le conseil de la ville de Troyes s'oppose à cette mesure et dit qu'Ervy est ville « de blasie, » que de là viennent maintenant les approvisionnements de la ville, et que, si on permet de mettre garnison à Ervy, le labour cessera et les habitants quitteront le pays. Le bailli de Troyes est prêt à obéir au roi; mais le procureur de M. de Barbazan et celui du roi de Navarre s'opposent à l'exécution des ordres royaux. Dans une nouvelle assemblée, réunie à l'hôtel de l'évêque dans la même journée, on renouvelle les observations faites dans la matinée, et il est décidé que l'on écrira au roi et à M. de Barbazan pour leur faire savoir qu'Ervy et Saint-Florentin, appartenant au roi de Navarre, sont placés sous le pouvoir du roi depuis peu de temps, et que ce serait « de petit exemple pour celles non réduites; » qu'Ervy doit jouir encore de ses franchises et libertés jusqu'à » un certain temps qui n'est pas échu. »

---

les meubles, le chapitre réclama le prix de loyers, lequel fut accordé au chapitre sur le montant de la saisie.

M. de Barbazan, accompagné du sire de Conflans, de Jean, bâtard de Dampierre et d'un grand nombre de gens des communes, mit le siége devant Anglure en 1431, et peu auparavant, à l'aide des Troyens, il s'était rendu maître de la ville de Pont et du château de Foujon (1). La ville, qui discutait les secours à fournir pour le siége d'Anglure, se décida à envoyer le gros voguelaire, 200 livres de poudre à canon, 68 compagnons de guerre et un certain nombre de maillets de plomb. Hommes et munitions quittèrent la ville le 14 mai sous le commandement de Jean Bonjean; Jean Lefort ayant été expédié en avant comme éclaireur.

Le 17 mai, M. de Barbazan fit savoir que le voguelaire était rompu; il demanda l'envoi de la grosse bombarde et de nouvelles munitions. On lui expédia soixante nouveaux compagnons de guerre et des arbalétriers, la grosse bombarde, 400 livres de poudre, 3 pierriers, 2,500 traits d'arbalètes et 110 maillets de plomb.

La ville de Troyes fournit en hommes et en munitions au-delà de ses engagements. Dans les premiers jours de juin, les troupes de Barbazan et les communes placées sous ses ordres étaient maîtres du château d'Anglure, évacué par les Anglais et les Bourguignons, convaincus qu'ils ne pourraient résister à l'attaque. Les principaux chefs que le duc de Bedfort avait envoyé pour la défense d'Anglure étaient le comte d'Arundel, le fils du comte de Warvick, le sire de l'Isle Adam, le sire de Chatillon et autres capitaines : au total, environ 1,600 combattants. A leur arrivée, ils trouvèrent les troupes du sire de Barbazan retranchées dans un lieu qu'elles avaient très-solidement fortifié. Dans plusieurs escarmouches, les Anglais et les Bourguignons perdirent de seize à vingt hommes, et le seigneur de l'Isle Adam fut blessé. La dame d'Anglure, qui pendant le siége se trouvait dans le château, le quitta avec les hommes de guerre. Ceux-ci se dirigèrent vers Paris après avoir mis le feu au château (2), et abandonnèrent la Champagne.

---

(1) Ancien château fort, situé sur le territoire de Pont, dont il reste encore aujourd'hui quelques pans de murailles.

(2) Monstrelet dit que le siége d'Anglure dura environ un mois. Si l'on y comprend les opérations préalables, le siége aurait duré deux mois au moins.

Mais bientôt on se plaignit à Troyes de ce que les fortifications n'avaient pas été complétement démolies, et aussi que les
habitants de Pont relevaient leurs murailles, ce qu'il ne fallait
pas laisser continuer, disait-on, à cause du préjudice que cela
porterait au roi, et Pont étant un des principaux passages sur
la Seine.

Quoique Sens eut reconnu l'autorité de Charles VII en janvier 1430 (v. st.), on comprend peu qu'au mois de mai suivant
cette ville n'ait pas mis en liberté Jean Bouchard, Jean Angui-
gnart, Guyot Damette et autres marchands de Troyes qu'elle dé-
tenait prisonniers. Malgré les réclamations du conseil, la ville
de Sens ne voulut pas rendre à ces marchands ni leurs biens,
ni leur liberté. Il fallut envoyer au roi, alors à Poitiers, pour
obtenir justice. Mais ce parti étant pris, les habitants de Sens
consentirent à mettre les marchands troyens en liberté sous
caution.

Les habitants de Méry avaient aussi « détroussé » des marchands de Châlons venant à Troyes, et ils leur avaient enlevé
une certaine quantité de draps. Il y a lieu de croire que, plus
heureux que près des habitants de Sens, les Troyens virent
accueillir avec plus de succès leur juste réclamation près des
habitants de Méry.

Pendant tout le mois de juin 1431, la ville redoute les ennemis du roi. Les gardes sont doublées aux portes et sur les remparts. On passe en revue les hommes de fer et de pourpoint; les
portes de la ville sont fermées, le dimanche, depuis le commencement de la messe jusqu'à quatre heures du soir. On fait
rentrer en ville les toiles et autres marchandises qui se trouvent
aux moulins pour les blanchir et apprêter; les bestiaux ne sont
pas conduits au pâturage; les voituriers, qui se rendent au château de Montaigu pour en prendre les matériaux afin de les employer aux fortifications commencées derrière Notre-Dame-en-
l'île, sont accompagnés par des gens chargés de les défendre
contre les ennemis qui tiennent les champs. Il est aussi décidé
que l'on se rendra à Montaigu le lundi, jour ouvrable et sans
aucune fête, parce que les ennemis savent que par le temps
passé on avait coutume d'aller aux corvées les jours de fêtes,
et qu'ainsi il y a moins lieu de craindre une attaque. O s:
préoccupe des moissons qui approchent, et l'on avise au moyen
de les rentrer en ville, soit par eau, soit par terre, avec sécu-

rité; il est question d'avoir des « gens d'armes » pour veiller à la sûreté des moissonneurs. On continue à travailler aux fortifications vers Notre-Dame-en-l'Ile et « de la porte du Saint-Es-
» prit à la tour Boileaue; » on mande à cet effet, et pour cette dernière partie des travaux, les habitants des villages voisins, ceux d'entre Saint-Jean-de-Bonneval et Montiéramey, auxquels on donne le pain.

Le 30 juin, dans une assemblée tenue en l'hôtel de l'évêque, on lut « trois paires de lettres, » les unes venant de Chappes, et les autres de Châlons et de Vertus. Elles annonçaient que les Bourguignons s'assemblaient, et qu'ils publiaient hautement « qu'ils voulaient venir devant Troyes, et qu'ils y entreraient » sans contredit. » On avait déjà annoncé qu'ils étaient en route venant de Poitiers.

De pareilles nouvelles, arrivant de diverses directions, jetèrent une profonde émotion dans l'assemblée d'abord, et ensuite parmi la population.

On arrêta, séance tenante, les mesures qui étaient à prendre d'urgence. On craignait des intelligences entre les Bourguignons et certains habitants, aussi est-il défendu, par cri solennel et public, aux étrangers d'approcher des portes à peine d'amende arbitraire, et, « s'il y a effroi, » ils doivent se tenir dans leurs maisons, sous peine de la hart (1). Il y a « des soupçonnés » dans la ville, aussi ordonne-t-on qu'ils soient arrêtés dans leurs maisons avec défense d'en sortir sous la même peine. Les officiers de justice ne doivent pas les élargir « sans grande et mûre dé-
» libération de notable conseil. » Le conseil ordonne que les informations contre les soupçonnés seront vues et qu'il en sera délibéré. Il répute « soupçonnés » tous ceux qui sont trouvés coupables de trahison, ceux qui en sont accusés par un témoin; ceux qui ont eu leurs pères, leurs frères, leurs cousins exécutés; ceux qui, par dérision, ont décousu la croix appliquée aux vêtements; ceux qui se réjouissent de ce que l'on dit de l'attaque projetée par les Bourguignons, et, à tous ces soupçonnés, il est défendu, sous la même peine de la hart, de faire aucune assemblée ou de communiquer les uns avec les autres.

Dans cette même assemblée, M. le doyen de Saint-Pierre fut chargé de prier M. l'évêque de remontrer au peuple, dans sa

_____

(1) De la corde, c'est-à-dire d'être pendu.

prédication du lendemain, les grands périls qu'une trahison pourrait amener. M. l'évêque est en outre prié de recommander et même d'ordonner, sous peine d'excommunication, que si quelqu'un connaissait des traîtres contre le parti du roi qu'il le fasse savoir par la confession ou autrement, « afin qu'avec » l'aide de Dieu, et par le moyen des bonnes créatures, la cité » puisse être à l'abri de trahison. » Il avait déjà été décidé que, dans le cas où les ennemis approcheraient, le lieutenant de M. le bailli et M. le prévôt, et avec eux « le plus de gens de cheval » que l'on pourra trouver, chevaucheront par la ville afin d'encourager les habitants de Troyes à se défendre avec énergie.

Non-seulement on redoutait les ennemis, mais on ne redoutait guère moins les gens de guerre que le roi laissait en garnison dans les châteaux voisins, tous ces gens vivant complétement sur le bonhomme. Les habitants de Troyes souffraient moralement de toutes ces violences et « appatissements. » Aussi fut-il décidé que l'on dresserait un mémoire des faits les plus récents, et qu'un messager le porterait à M. de Barbazan. Nous extrayons de ce mémoire quelques-uns des faits dont il nous a conservé le souvenir. Ils ont de l'intérêt, et l'on jugera par les faits reprochés à des amis ceux dont les ennemis pouvaient être les auteurs.

Jean de Chaumont, capitaine d'une bande de gens de guerre, tient en sa possession et sous son commandement les châteaux de Chappes et de Saint-Liébault, aujourd'hui Estissac. Des habitants s'étaient retirés à Saint-Liébault avec leurs meubles, Jean de Chaumont les taxes à 200 livres pour les leur délivrer. On lui paie cette somme, il exige encore 40 livres en argent, et, de plus, un muids de froment.

Le même capitaine taxe les habitants de Bercenay à 6 septiers d'avoine, 4 septiers de froment, un boisseau de sel, un muids de cidre, 2 livres de chandelles, du foin pour garnir une chambre de gens d'armes et pour lui un marc d'argent; ceux d'Echenilly lui paient un marc d'argent; ceux de Saint-Jean-de-Bonneval 6 septiers de froment, un muids d'avoine et 4 queues de vin; ceux du Pavillon 6 saluts d'or, un septier de froment, 6 d'avoine, 3 de seigle et 13 muids de vin, quoi que déjà ses gens eussent enlevé de ce pays plus de 20 septiers de froment, de seigle et d'avoine. Les habitants de Payns lui ont livré 7 septiers d'avoine, et 4 voitures de foin et de paille.

Jean de Chaumont et ses gens s'emparèrent de 45 voitures de froment se rendant à Troyes. Ils les conduisirent au château de Saint-Liébault, et rançonnèrent les voituriers d'un salut d'or par cheval.

La troupe de ce capitaine, en revenant du Barrois, passa à Chauchigny. Elle prit des chevaux et des voitures, sous prétexte qu'une taille avait été imposée sur les habitants de St-Liébault. Ces gens annoncèrent que leur chef ferait prendre tout ce qu'il pourrait trouver dépendant de la ville et de la prévôté de Troyes. Celui-ci rançonna les habitants de Courlanges de 12 saluts d'or et d'un muids de froment. Il fit courir sus sur « la » ville » de Rhèges, qui était de la prévôté de Troyes, et y prit 22 chevaux rachetés moyennant 2 saluts chacun.

« Les villes de Macey, de Montgueux et du Mesnil (St-Loup) » furent rançonnées de 25 saluts d'or et endommagées pour une somme au moins égale.

Celles de St-Jean-de-Bonneval, de St-Léger, de Moussey, de Bouilly et de Souligny furent aussi rançonnées. Des habitants furent faits prisonniers, et ne pouvant être rachetés, le surplus des habitants quitta « ces villes » et se rendit à Troyes. Deux habitants furent tués et deux autres mutilés à St-Jean-de-Bonneval.

Jean de Chaumont fit prisonniers dix voituriers de Troyes, les emmena eux et leurs chevaux à St-Liébault, les tint enfermés pendant quarante-huit heures sans leur donner de nourriture, puis il les contraignit à lui aller chercher du bois, et les renvoya en leur disant que « si les habitants de Troyes entre- » prenaient rien sur les gens de sa compagnie, il leur ferait la » plus chaude guerre que oncques fut faite à homme. »

Le 20 juin 1430, les gens de Jean de Chaumont, au nombre de vingt, allèrent à St-Flavit, y voulurent « prendre à force » Marion, âgée de 16 ans environ, fille de Denizot Leclerc, et comme le père et la mère cachèrent leur fille de manière qu'ils ne la trouvèrent pas, ils frappèrent tellement les parents de cette jeune fille qu'ils les laissèrent pour morts. Cinq ou six jours après, Denizot succomba par suite de ces coups.

Quatre compagnons de la garnison de Chappes, sous le commandement du même capitaine, prirent, sur la paroisse de Piney, un homme et trois chevaux, puis les conduisirent à Chappes. Ils mirent l'homme « en la fosse, » vendirent deux des

chevaux à Troyes, et rançonnèrent le troisi⋯ ⋯e qu'il avait été « pris sur l'appatis d'un maît⋯ de l'un des⋯ ⋯atre com-
» pagnons. »

Jean de Chaumont fit commandement aux h⋯ ⋯ts de Ville-moyenne, de Chappes et d'autres lieux circonvoisins, de faire conduire tous leurs blés à Chappes, et non autre part. Il fit même faucillér et mener à Chappes les blés de plusieurs pauvres laboureurs de la seigneurie d'Isle étant en l'obéissance du roi. Il « appatit les villes » de Vaudes, de Chappes, de Montaulin, de Breviandes, de Verrières et d'autres encore. Il fit prisonnier un nommé Eméry, de Verrières, avec 24 têtes de bétail, et il lui fut payé pour le rachat d'Eméry 12 saluts d'or, et celui du bétail un salut par tête. Cette somme lui fut acquittée à Troyes, à l'hôtel du Dauphin.

Le traité fait après la prise du château de Chappes ne fut pas exécuté, et les prisonniers ne furent pas rendus ; les uns furent envoyés en Bourgogne, d'autres retenus à Bar-sur-Seine. Ceux-ci, sous peine de mort, ne durent pas faire connaître qu'ils étaient originaires de Troyes. Certains d'entr'eux, ayant déclaré devant des *jurés* qu'en effet ils n'appartenaient pas à cette ville, on exigea d'eux une rançon.

Les hommes de Jean de Chaumont prirent encore 160 chevaux avec les harnais, tous furent rançonnés.

Tout labour cessait, les terres de Montiéramey étaient couvertes de garnisons, et la culture ne se faisait plus dans le pays le plus fertile des environs.

Les habitants de Troyes demandaient la destruction des châteaux de Chappes, de St-Liébault et de Courgenay.

Les garnisons de Méry et de Villeneuve-l'Archevêque tenaient aussi la campagne, et pillaient de tous les côtés. Celle de Villeneuve vint rançonner les environs de Troyes et jusqu'au village de Chauchigny.

Les hommes de guerre étant à Jully, coururent au village de Cères, y prirent deux laboureurs qui venaient à Troyes. Ils les pendirent par les doigts, et les rançonnèrent « à plus que » ces pauvres gens n'avaient vaillant. »

Enfin, ce mémoire se termine ainsi : « Par les faits et les » violences des garnisons, les pauvres gens de labour ont abandonné leurs maisons, et sont en cette ville où ils meurent de » faim et sont forcés de mendier. Il n'y a charrue labourant

» de Troyes à Nogent et jusques à la rivière de Marne, ce qui
» ne s'est jamais vu.

» Plusieurs gens sont en ville sous ombre de la guerre, et
» parce que la justice n'a aucune force ils vont piller et amè-
» nent le produit de leurs larcins en cette ville au vu des pau-
» vres gens du plat pays qui n'osent réclamer leurs biens. »

Mais ce mémoire ne put être remis à M. de Barbazan en qui
la ville de Troyes « avait tant de fiance. » Dressé vers la fin de
juin 1431, M. de Barbazan fut tué le 2 juillet à la bataille qui
eut lieu entre Sandrecourt et Bulligneville étant maréchal de
l'armée du duc de Bar, René d'Anjou. Celui-ci réclamait par les
armes l'exécution du testament du duc Charles II de Lorraine,
son beau-père, qui avait légué son duché à lui et à sa femme
Isabelle, fille du duc Charles II. Son neveu Antoine, comte de
Vaudémont, revendiquait cet héritage qu'il disait être un fief
masculin régi par la loi salique.

Ce fut par une lettre de messire Eustache de Conflans, écrite
aux bourgeois et habitants de Troyes, que la ville connut la
mort de M. de Barbazan. Tous les habitants en furent doulou-
reusement frappés et des témoignages unanimes de regrets
furent donnés à ce vaillant et loyal champion de la monarchie
française. Mais la ville avait décidé de faire connaître ses griefs
contre les gens de guerre; elle les fit porter au roi par Jacques
de Vallières et Jean Lefort, qui eurent mission de lui exposer
les charges du pays, la pauvreté et le danger où étaient les habitants de Troyes, tant de la part des gens du roi que de ses ennemis.

Ces plaintes ne faisaient pas disparaître les dangers. Ainsi
Jean de Beaune, venant de Dijon, dit au sein du conseil « des
» choses secrètes qui n'étaient à répéter, » écrit le clerc de la
ville qui nous a conservé le souvenir de ce fait. Mais « ces
» choses étaient dénonciatives, » et il convenait d'avoir l'œil
pour le bien de la ville. L'on devait craindre quelque trahison
parmi les corporations. Aussi la garde fut-elle mise aux mains
des bourgeois, des bouchers, des tanneurs et des cordonniers,
corporations dont l'attachement à la cause du roi était bien
connu. Il fut question aussi de remplir les faux fossés et de démolir les églises de Saint-Jacques (extra-muros), de la Trinité,
de Saint-Martin, de Sainte-Savine et de Saint-Antoine, dans le
but de faciliter la défense de la ville.

Le lendemain dimanche, 8 juillet, il y eut deux nombreuses assemblées, l'une tenue au chapitre de Saint-Pierre et l'autre « en la loge du prévôt » par les habitants et à l'occasion des affaires de la guerre.

Dans la première de ces réunions on décida qu'il serait écrit au bailli de Sézanne, à M. Eustache de Conflans, à Mussy, à Nogent, à Provins et à Dampierre pour recommander que s'il venait quelques nouvelles de l'ennemi qu'on les fît savoir immédiatement aux habitants de Troyes, qni se chargeaient de payer les messagers. On donna ordre au voyeur de faire couper tous les arbres qui nuisaient au guet et contre lesquels les ennemis pouvaient asseoir leurs canons ou leurs bombardes. Il fut encore question de détruire les églises qui avoisinaient la ville (1). Si les ennemis se présentent devant la ville, nul ne devra parlementer avec eux sous peine de la hart. Tous les habitants doivent porter la croix droite, enseigne du roi.

Le 8 juillet, M. l'évêque fut prié de faire une harangue (collacion) dans l'après-midi, afin de faire connaître au peuple la mort de M. de Barbazan, « ce qui était un bien grand mal- » heur, car ce n'était pas petite perte que de perdre M. de Bar- » bazan. » M. l'évêque fait savoir que ce malheur n'était pas arrivé dans l'armée du roi, mais bien en Lorraine pour la querelle de M. le duc de Bar, et aussi combien la ville était forte puisqu'elle appartenait à son souverain seigneur, le roi Charles VII : les sizainiers, les dizainiers et leurs gens furent convoqués afin d'assister au sermon de M. l'évêque.

Les habitants répondirent à cet appel, car l'évêque eut bien deux mille auditeurs, et il s'acquitta de sa mission au grand contentement des assistants.

Mais les plaintes portées au roi ne firent pas cesser les cruautés des gens de guerre. La garnison, placée au château de Saint-Lyé, court sur les villages de la vallée de la Seine. Ils vont jusqu'à Clelles, de la seigneurie de Saint-Just appartenant à M. de la Trimoille. Aussi le capitaine du château de Saint-Just « use- » t-il de hautes paroles » en écrivant aux habitants de Troyes

(1) Il est convenable de faire remarquer que nos faubourgs, qui s'appuient aujourd'hui contre l'ancienne ville, formaient des bourgs entièrement isolés et éloignés de la ville d'au moins trois cents mètres.

qui s'excusent en protestant du désir qu'ils ont de ne pas désobliger un si puissant seigneur que M. de la Trimoille. M. de Dinteville, le bailli de Troyes qui, après la soumission de la ville, fut remplacé par Guillaume Belier, commet aussi des excès dans les environs de Troyes. Le conseil décide qu'il lui sera écrit que lui et ses gens feront bien de ne pas continuer à mettre le feu dans les villages, sans quoi ils pourraient craindre pour les biens qu'ils possèdent à Troyes.

Le bâtard de Villars, commandant d'une troupe de gens de guerre, se ressaisit d'un individu nommé Le Champy d'Isle (Aumont), parce que celui-ci, ayant été fait son prisonnier au siége du château de Jully, s'était enfui avec ses bagages. Le conseil de ville fit des remontrances au bâtard de Villars qui remit Le Champy aux mains du prévôt de Troyes. Le conseil décide ensuite que Le Champy demeurera libre, et que, malgré cette arrestation faite sans droits, le bâtard de Villars ne paiera pas d'amende parce que pendant la guerre « il s'est bien gouverné » envers la ville de Troyes. Dans le cas où à l'avenir on arrêterait quelque individu de la ville, les habitants étaient autorisés, par le conseil, à empêcher cette arrestation, à secourir le prisonnier et même à mettre hors des murs, à l'aide de la force armée, celui ou ceux qui auraient fait la prise.

Le 13 juillet 1434, les habitants de Troyes reçurent une lettre missive du roi, « laquelle faisait savoir que le roi, la reine et le » dauphin étaient en bon point, Dieu merci; qu'ils saluaient » Messieurs en général et particulier, et qu'au besoin ils se » raient secourus par le roi. »

On signale l'arrivée, dans la contrée, d'un capitaine, Jean de la Roche, et de sa bande qui, quoique soumis à l'autorité royale, n'en portent pas moins l'effroi parmi les populations. Aussi le 13 juillet la ville d'Ervy, où il pourrait bien prendre garnison, demande-t-elle, pour l'employer au besoin contre ce capitaine, de la poudre à canon que la ville de Troyes s'empresse de lui accorder. Elle délivre en outre à Jean Gérard, capitaine qui commande Ervy, une certaine provision de souffre, de salpêtre et d'eau-de-vie pour en fabriquer de la poudre.

L'arrivée de la troupe de Jean de la Roche, « qui vient d'é » tranges marches pour le service du roi, » ne jette pas seulement l'effroi à Ervy et dans les environs. Le 24 juillet « il est » logé en prairies » dans les environs de Troyes. Le conseil permet aux habitants de présenter à sa troupe les choses nécessaires à la vie; mais il n'autorise l'entrée de ses soudards dans l'intérieur de la ville qu'après avoir abandonné leurs armes, en petit nombre et par la porte de Beffroy, afin d'avoir connaissance entière de ceux qui y entreront. Jean de la Roche se présente au conseil, et on lui donne connaissance des résolutions prises. Il y répondit « bénignement » en disant qu'il servait le roi et aiderait la ville si elle voulait, qu'ayant un bagage considérable, il désirait une place pour se retirer. Le conseil, ne l'autorisant pas à demeurer à Troyes, lui remit, sur sa demande, une lettre à l'adresse des habitants de Mussy, afin qu'ils le reçussent dans leurs murs. Au lieu de se fixer à Ervy, cette troupe se serait donc dirigée vers Mussy.

Les plaintes que les habitants de Troyes avaient adressées au roi firent envoyer à Troyes des commissaires spéciaux, chargés de rétablir l'ordre et de faire cesser « les appatissements » des gens de guerre. Déjà Guillaume Belier, bailli de Troyes, s'était rendu sur les lieux et s'était efforcé de rendre la sécurité à la contrée. Mais impuissant contre Jean de Chaumont qui ne voulut pas sortir, malgré l'ordre du roi, des châteaux de Chappes et de Saint-Liébault qu'il avait en sa possession, Boson de Fages, bailli de Montargis, et M. de Villars, bailli de Sens, vinrent se joindre à lui et réunirent leurs efforts aux siens pour dominer cet intraitable capitaine contre lequel il fallut lutter avec énergie.

Le 28 août, le bailli reçut de nouvelles lettres du roi, ordonnant la démolition des châteaux de Chappes, de Saint-Liébault et de Courgenay (ce dernier fait aujourd'hui partie du département de l'Yonne). Ces lettres furent lues au milieu d'une assemblée tenue au palais royal. Après cette lecture, « le bailli dit à » Jehan de Vaulx à ce présent tellez paroles : Jehan de Vaulx, » vous estes compagnon et lieutenant de Jehan de Chaumont, » et vous, Beguat, vous estes à Jehan de Chaumont ; vous avez » vu et oui le contenu du mandement du roi, et, pour icelui » exécuté, vous fais commandement de par le roy à peine d'estre » réputés rebelles et désobéissans, que vous vidiez et fassiez vi- » der les places de Saint-Liébault et de Chappes. A quoi ledit » Jehan de Vaulx répondit que vraiment il estoit lieutenant » dudit Chaumont à Chappes, mais qu'il n'y estoit pas le plus » fort, car ledit Chaumont y avoit et tenoit plusieurs compa- » gnons qui en rien ne obéiroient à lui, mais le remontreroit

» audit de Chaumont, et, quant à lui, il se garderoit de méplaire
» et de désobéir aux commandements du roi. Et ledit Beguat
» répondit qu'il le diroit audit de Chaumont, mais navoit dau-
» tres pouvoirs. »

Le surlendemain, le bailli se rendit à Saint-Liébault afin de
faire exécuter le mandement du roi, ordonnant à Jean de Chaumont la démolition du château. Il était accompagné d'Odinot de
Dijon, substitut du procureur du roi, et de deux notaires, afin que
le premier pût requérir dans l'intérêt du roi et les deux autres
constater ce qui se passerait. Le bailli était chargé, par le conseil de ville, de promettre à Jean de Chaumont que, s'il obéissait aux ordres du roi, il serait autorisé à amener à Troyes les vins
qu'il avait à St-Liébault pour les vendre et en faire son profit, et
que, malgré tous les débats précédents, il serait en sûreté dans
la ville de Troyes.

Malgré les ordres du roi et les promesses du conseil de ville,
Jean de Chaumont ne déféra point aux ordres du roi, que l'on
instruisit de ce refus. Le 10 septembre, ce capitaine n'a point
encore abandonné la place de Saint-Liébault. Le conseil propose
alors au bailli de faire miner le château et d'y mettre le feu, s'il
est nécessaire. Il se dispose à y conduire la bombarde de la
porte de Saint-Esprit et à y envoyer des habitants de Troyes
avec des « couleuvreurs » pour faire le siége du château. Les
dépenses seront supportées par les villages qui ont intérêt à sa
démolition.

Pendant le séjour des baillis de Troyes, de Montargis et de
Sens, dans la première de ces villes, on convoqua tous les capitaines des châteaux voisins pour s'informer des mesures à
prendre. Les commissaires royaux dressèrent des ordonnances
et donnèrent des instructions pour rétablir l'ordre, relever la
justice et encourager les sujets du roi. Afin de leur donner plus
de force, ces ordonnances passèrent à la chancellerie royale,
où elles furent portées par Pierre Le Biernois, messager de la ville.
Ces ordonnances furent publiées le 1er septembre dans une
assemblée tenue en l'hôtel de l'évêque. A cette occasion, la
ville offrit en cadeau à J. Lepicart, secrétaire du roi, une bonne
pièce de toile de lin du prix de 20 liv.

Dans les premiers jours d'août et jusqu'au 23, on redoute les
ennemis du roi qui tiennent les environs de Troyes. On double la
garde des remparts. Chaque homme de pourpoint doit être muni

d'un maillet de fer, et les ordres mendiants sont désignés pour éteindre le feu dans le cas où il se déclarerait en ville. Enfin on porte « la croix droite cousue en sa robe, » et chacun a l'œil sur son compagnon et doit rendre compte à la justice de ce qui peut intéresser la sûreté de la ville. Le 11 août, on signale l'approche des ennemis sous les murs de Troyes, et l'on instruit le chancelier et le maréchal de l'arrivée des ennemis. On diffère d'envoyer à la corvée au château de Montaigu pour en amener les matériaux en ville. Les ennemis ont menacé de s'emparer des gens du parti du roi, et parmi les commissaires nommés dans ces circonstances, on compte le maître boucher, c'est-à-dire le chef de la corporation.

Vers le 23, la plaine est enfin débarrassée. On circule de nouveau dans les champs, et l'on peut constater les dommages occasionnés aux moissons. Le bailli visite alors le château de Saint-Lyé que Guillaume Juvenel (1) avait gardé pendant un certain temps, et dont l'évêque, Jean Léguisé, vient de rentrer en possession, à la condition qu'il y mettra une garde suffisante pour qu'il n'arrive aucun dommage au roi ni à la ville, et que cette garde « vivra de la terre » sans rien prendre aux sujets du roi. L'évêque promet qu'il y pourvoira, avec l'aide de Dieu, de manière que le roi et la ville soient satisfaits.

Le bailli, ayant visité le château de Saint-Lyé, fait savoir au conseil que ce château n'est point prenable d'assaut, et que trente hommes d'armes et trente hommes de trait peuvent résister victorieusement en cas de siége. Il propose d'y élever deux boulevards de bois comme ceux qui ont été édifiés à la porte de Saint-Jacques.

On profite aussi de cet instant de repos pour mettre la ville à l'abri des ennemis du côté de la rivière; on ouvre des fossés, combinés de manière à mettre en sûreté les bestiaux qui se rendent aux pâturages. On creuse notamment des canaux du côté de Lavau et de Saint-Julien, au gué des Pucelles et à la Noue-Robert.

Le 16 septembre, afin de protéger les gens qui feront la vendange, le conseil écrit à Jully afin d'envoyer trente compagnons de guerre qui séjourneront à Troyes et recevront dix sous par

(1) Sans doute de la famille Juvenel ou Juvénal des Ursins.

3

jour. Malgré l'élévation du prix, ces compagnons refusèrent l'offre de la ville. Chacun dut faire sa récolte à ses risques et périls. Quelques jours après, plusieurs compagnons de guerre vinrent de Jully ; mais la ville ne voulut pas les recevoir, et encore moins payer leur course. Alors ils se saisirent des chevaux qu'ils purent prendre aux habitants de Troyes et ne les remirent que moyennant rançon.

Par ordre du conseil, on expulsa de la ville deux savetiers, l'un nommé Jean de Reims, un maignant (chaudronnier) et un *chaperon blanc* « pour cause de leur faux et mauvais gouver- » nement. »

Un marchand de Bourgogne achète en ville une grande quantité d'airain, deux meules de moulin et « grant foison d'encre et de papier. » Le conseil ordonne qu'on laissera sortir de ville les meules, l'encre et le papier, mais il défend de faire livraison de l'airain, « car la ville en est affamée. »

Le 1er octobre 1431, les habitants de Troyes constituèrent un conseil de ville avec une régularité et sur des bases que l'on doit considérer nouvelles. En 1317, 1354, 1357, 1359, on constate l'existence d'un conseil. Depuis cette dernière époque, on ne voit d'administration municipale que dans les personnes des voyeurs, des maîtres des œuvres, d'un procureur, d'un clerc, d'un receveur des deniers communs, et des auditeurs aux comptes. A de rares époques, et lorsque les circonstances l'exigent, il est question d'un conseil dont l'étendue du pouvoir comme le nombre des membres ont souvent varié.

A la date où nous sommes arrivés, le conseil est formé de 36 membres élus pour le bien, la sûreté et la défense de la ville. Les élus doivent, pour et au nom de la ville, s'assembler, en présence de justice, afin d'aviser, délibérer et conclure sur ses affaires, comme si « toute la commune y estoit, » ce que les membres du conseil jurèrent et promirent entre les mains de Pierre le Tartrier, lieutenant du bailli, de faire loyalement, ainsi que de « tenir secret ce qui est à tenir secret. » Le conseil devait se réunir le jeudi de chaque semaine, à l'issue de la messe Perricart, en la salle royale, à Troyes, sans y faire défaut à moins d'excuse légitime et à peine de 20 deniers d'amende. Un membre du conseil fut élu pour recevoir les amendes, et pour faire à ce sujet prompte justice. Le conseil désigna deux personnes en qualité de sergent, l'une fut Odinot de Dijon, substitut du procureur du roi, qui reçut la charge de contraindre les défaillants du jeudi, et l'autre, Vaugoulay, descendant d'un des ôtages du roi Jean, en Angleterre, dut poursuivre ceux qui ne répondaient pas aux convocations faites en semaine. Ce conseil était composé de :

Me Odart Hennequin.	Pierre Thomas.
Me Pierre Fautrley.	Pierre Lebœuf.
Me Jean Hennequin.	Jean Naget.
Me Antoine Guéry.	Nicolas Danricart.
Mr de Montier-la-Celle.	Guillaume Gossement.
Me Jean de Grève.	Guyot Angelin.
M. le doyen de St-Pierre.	M. le commandeur du Temple.
M. le doyen de St-Etienne.	Simon Grivel.
Jacques Debar.	Jean Bareton.
Giles le Pevrier.	Thomas Maillet.
Hué Laiguisé.	Pierre des Meures.
François de la Garmoise.	Jacquot de Pouan.
Guillaume de Pleurres.	Pierre Hennequin.
Colin Perricart.	Jeannot Huet.
Félix Barat.	Jean de Sainte-Maure.
Jacquinot Philippe.	Gilot de Marisy.
Jacquot Festuot.	Nicolas Huyart.
Perrin le Tartrier.	Etienne Formé.

Troyen de vieille ou de fraîche date, on se plaît à retrouver dans cette liste, formée, on peut le dire, au moment du danger, les noms des familles honorables en même temps qu'honorées, qui ont été mêlées aux affaires de la cité, puis à celles de l'Etat pendant plusieurs siècles. Tous ces noms ne sont pas éteints pour notre génération, quelques-uns de ceux qui les portent brillent encore dans les plus hautes régions sociales; quelques-uns plus modestes, mais non moins méritants, habitent encore la ville de Troyes et le département de l'Aube. Enfin, il en est aussi qui perpétuent, à Troyes, par des alliances, si ce n'est pas le nom, au moins les anciennes traditions d'honneur et de haute probité, ce noble apanage de ces vieilles familles, attachées par les biens et surtout par le cœur aux intérêts de la ville de Troyes.

A cette époque, les habitants de Troyes veillent toujours avec la plus vive sollicitude sur leur ville. Ils se tiennent en garde

contre la trahison. Il est même question de modifier la division
de la ville qui est en quatre quartiers, et de ne plus avoir que
« trois pays, à cause de la mauvaise garde et petite diligence
» qui se fait à la porte de St-Jacques. »

La ville manque de sel, le conseil s'en émeut; le grenier n'en
possède que huit milliers, ce qui n'est rien, et les deux regrat-
tiers n'en ont que sept. Aussi, décide-t-on que le roi sera infor-
mé de cet état; que la ville laissera entrer en ville tous ceux qui
viendront en vendre; que le procureur sera chargé de le débiter
au prix de 20 deniers la pinte, et que Pierre des Meures, qui
se rend à Nogent, en achètera tout ce qu'il pourra. Peu après,
on en achète à Joigny au prix de 40 livres le muids.

Dans le cours d'octobre de nouvelles trêves sont arrêtées entre le roi et ses ennemis. Une réunion de députés (ambassadeurs) des villes voisines a lieu à Joigny, afin de fixer les bases de l'exécution de ces trêves considérées par le conseil de
ville comme avantageuses aux Anglais. Le clerc du conseil ré-
dige des instructions destinées aux députés de la ville de Troyes.
En dehors des faits relatifs aux trêves, on introduit dans ces
instructions quelques articles concernant les monnaies dont la
circulation est toujours l'objet de sérieuses préoccupations dans
le commerce. Les députés qui se rendirent à Joigny, pour la
ville de Troyes, furent M. l'abbé de Montier-la-Celle, Antoine
Guéry, prévôt de Troyes, et Me Jean de Grève.

Cette assemblée prit-elle des résolutions définitives? Nous
l'ignorons, et il serait bien difficile de le savoir aujourd'hui.
Nous ne croyons cependant pas qu'on dut considérer celle qui
fut tenue à Troyes au mois de novembre suivant comme la con-
tinuation de celle de Joigny; car il ne fut, à cette seconde réunion, nullement question de la circulation ni du cours des monnaies.

La ville de Troyes vit, au mois de novembre 1431, arriver dans ses murs les envoyés des villes de Sens, de Joigny,
de Bray-sur-Seine, de Nogent-sur-Seine, de Saint-Florentin et
d'Ervy (1). A ces représentants des principales villes d'entre Seine

(1) Les députés de Sens étaient :
Me Louis La Pelote et Guillaume Brechet.
Ceux de Joigny, Regnaudin Daride et Guillaume la Roche.

Yonne se joignirent, à la première séance, 160 notables habitants de la ville, tous réunis en la salle du palais royal.

Le roi avait donné commission de le représenter à MM. Christophe de Harcourt, chancelier de France, Adam de Cambray, deuxième président au parlement, et Rémond, seigneur de Villars et de Jard, et bailli de Sens.

Le 12 novembre, l'un des commissaires, après avoir lu les lettres et mandements royaux, exposa que le roi avait signé une suspension d'armes avec ses ennemis, et qu'il s'était obligé à entretenir pendant la trêve les garnisons bourguignonnes établies à Mussy-l'Evêque, Jully-le-Châtel, Cravant, Mailly-la-Ville, Mailly-le-Château, Bray-sur-Seine, Nogent-sur-Seine, La Motte-Tilly, Villeneuve-l'Archevêque, Chappes, Coursan, Champlost et Dannemoine. Ces commissaires demandèrent un subside à tous les députés présents, afin de pouvoir entretenir et faire subsister les garnisons bourguignonnes, ou bien qu'il soit avisé par l'assemblée au moyen de les solder.

Après avoir ainsi exposé le but de leur mission, MM. les commissaires royaux se retirèrent, l'assemblée discuta, mais elle ne conclut pas. Le clergé ne se trouvant pas représenté en nombre suffisant, la réunion fut continuée à l'après-midi, puis de l'après-midi au lendemain matin 13 novembre. Cette fois les assistants étant en nombre délibérèrent.

Dès le commencement de la séance les députés des villes de Sens, de Joigny, de Bray, de Nogent et d'Ervy déclarèrent qu'ils ne pouvaient prendre part à la délibération parce qu'ils considéraient leurs pouvoirs comme insuffisants. Ceux de Saint-Florentin annoncèrent qu'ils avaient mission de consentir à ce que les habitants de Troyes décideraient.

« De grands et notables avis » furent donnés, et « de grandes » et mûres délibérations » furent prises. Il fut décidé, en l'absence des commissaires royaux, par le clergé, les bourgeois et habitants de Troyes, qu'il serait répondu aux envoyés du roi « que les ambassadeurs des villes n'ayant pouvoir de conclure

---

Celui de Bray, Jean Trouseillon.
Celui de Nogent, Oudard Le Mire.
Celui de Saint-Florentin, Jean de Roffey.
Et ceux d'Ervy, Perossaint de Saint-Etienne et Jean Le Piat.

» on ne pouvait rien arrêter. » Mais il fut convenu que l'on ferait observer qu'il n'y a aucune nécessité d'avitailler les gens de guerre des places de Mussy et de Jully parce qu'elles étaient garnies de vivres en suffisante quantité pour faire abondamment subsister les gens de guerre, non seulement pendant six semaines que doivent durer les trèves, mais bien pendant dix-huit mois; qu'ils avaient pris et enlevé cet avitaillement sur le pays et sur le pauvre peuple des environs. Les habitants de Troyes dirent en outre qu'au château de Chappes, situé à une petite lieue de Jully, il y avait 300 queues de vin, 160 muids de froment, une grande quantité de vivres et autres biens volés et pillés tant sur eux que sur les habitants des environs depuis plus de cinq mois par Jean et Valentin de Chaumont et leurs compagnons. Le château de Chappes devant être démoli, ces provisions suffisaient et au-delà à l'entretien des gens de Mussy, de Jully et de Chappes. La ville avait à satisfaire à des besoins nombreux et à de grandes dépenses pour l'entretien de ses troupes. Enfin, que « le roi » veuille bien tenir les clergé, bourgeois et habitants de Troyes » pour excuser de ce qu'ils n'avaient pu autre chose délibérer, » et offrant de faire toujours le mieux qu'ils pourront pour le » roi, à l'augmentation de sa seigneurie, comme ses vrais, loyaux » et obéissants sujets perpétuellement et jusqu'à la mort. »

Le 14, cette réponse fut portée de vive voix à MM. de Harcourt, de Cambray et de Villars, qui furent loin d'être satisfaits d'un semblable résultat. Ils firent de nouveau convoquer ceux qui avaient pris part à cette décision. Cette assemblée, fort nombreuse, délibéra sur le même sujet et maintint la première résolution. M. Faultriey, clerc et procureur de la ville, fut choisi pour la rédiger.

Cette persistance dans le refus de tout subside mécontenta vivement les commissaires du roi qui demandèrent à connaître la volonté du peuple.

Le 16, le peuple fut à son tour appelé à se prononcer. Mais à la première convocation, il se rendit au palais royal en nombre insuffisant.

Le samedi 17, l'assemblée fut composée de plus de 300 personnes. On fit une nouvelle exposition des causes de l'ambassade royale, après quoi les officiers et les gens du roi s'étant retirés, « tous les assistants demeurèrent d'accord pour ne rien » changer, corriger ni augmenter à la réponse faite verbale-

» ment et qui serait donnée par écrit à MM. les ambassadeurs.
» Il n'y eut d'opposant que M. le doyen de Saint-Pierre qui
» témoigna son mécontentement de cette résolution. »

Malgré cette fermeté dans la décision des habitants de Troyes, les commissaires royaux ne se tinrent pas pour vaincus. Ils provoquèrent une nouvelle assemblée populaire, l'évêque, les conseillers de la ville, un grand nombre d'habitants s'y trouvèrent. Adam de Cambray rappela que le clerc-procureur de la ville avait promis à Christophe de Harcourt de lui remettre la réponse écrite des habitants de Troyes, ce qu'il n'avait pas fait. L'orateur traduisit son mécontentement en blâmant ce qui se passait pour la garde de la ville. Il prétendit que « cette garde » était trop commune, » le clerc de la ville s'entremettant d'aller aux portes, ce qui ne lui appartenait pas; qu'il était plus convenable et plus sûr de confier ce soin au prévôt, qui autrefois avait cette charge, et d'y mettre des gens salariés. Adam de Cambray termina son allocution en disant que M. de Villars demeurerait à Troyes, « pour le fait des trêves, et qu'on voulût » bien l'aider et conseiller pour ce qu'il aurait à faire; mais que » lui et M. Christophe de Harcourt, en quittant la ville, iraient » où Dieu leur conseillerait d'aller dans l'intérêt du roi. »

Après la sortie du président Adam de Cambray, l'assemblée, sans désemparer, commit quatre notables à la garde des portes de la ville, mais non pas le prévôt, et déclara que la ville avait trop de charges pour payer des gens de guerre qui du reste faisaient mal leur devoir.

Le 20, il se tint encore une assemblée où il fut arrêté que le clerc-procureur de la ville, accompagné de six membres du conseil, porterait à MM. les commissaires royaux la réponse écrite telle que les habitants l'avaient délibérée. Cette réponse fut lue et corrigée, hors de la présence des gens du roi, par l'abbé de Montier-la-Celle, Fautriey, François Barat, Simon Grivel et Jean Naget, tous membres du conseil de la ville.

Cette réponse fut remise à M. le président de Cambray, et en même temps il fut offert, au nom de la ville, « trois toiles de » fin lin à MM. les ambassadeurs du roi. »

Le conseil de ville et ses notables habitants d'abord, et le peuple ensuite, refusèrent aux commissaires de souscrire aux demandes formulées au nom du roi ainsi que tout subside destiné à l'entretien des nombreuses garnisons qui occupaient des villes et châteaux d'entre Seine et Yonne au nom du duc de Bourgogne. La ville décida donc à elle seule ce qui aurait dû être arrêté par les villes dont les députés avaient été convoqués à Troyes. La résolution prise par les députés de Joigny, de Sens, etc., de ne pas délibérer semble être motivée non point par le défaut de pouvoirs, mais afin d'éviter qu'une charge nouvelle ne vînt peser sur les habitants des villes qu'ils représentaient. Car on ne voit pas d'autres causes dans la convocation de ces députés que la demande d'un subside, et alors pourquoi seraient-ils venus à Troyes, s'ils n'avaient pas pouvoir de conclure?

Ce fait, du reste, n'est pas unique. Déjà l'histoire a constaté que, dans ces sortes de réunions, les seules villes taxées étaient celles qui étaient représentées; les envoyés n'ayant nullement la mission ni le pouvoir de lier les habitants des autres villes de la province.

Un fait contemporain donne raison à cette interprétation. En 1433, au mois de septembre, le conseil de ville « décide qu'il » sera écrit au roi de l'état malheureux du pays, et la ville sera » excusée de ne pas aller à Tours à la journée des Trois Etats. » On pourrait croire que l'état de misère de la ville voulait qu'on évitât la dépense occasionnée par le voyage des députés. Mais tel n'était pas le motif de cette abstention. La ville, pour ses affaires, avait précédemment envoyé à Tours Jacques de Valières et de peur qu'il ne se considérât comme député de la ville, il lui fût écrit : « Qu'il ait à ne pas se présenter aux Trois Etats » pour la ville, car il n'a pas de pouvoir et serait désavoué. »

Les habitants de Troyes ont à peine le temps de se rassurer entre deux nouvelles qui leur annoncent l'approche des ennemis. Dans une assemblée au palais royal où se trouvent le conseil et trois ou quatre cents habitants, on annonce que les ennemis s'assemblent dans le Tonnerrois. On écrit à M. de Villars, bailli de Sens, pour lui annoncer le peu de sûreté que donne la garnison de Jully dont les propos compromettent la cause royale. Aussi ne laisse-t-on pénétrer en ville aucun étranger venant des marches de la Bourgogne. Trois femmes entrent en ville, venant sans doute d'une contrée du parti bourguignon, et entr'autres la femme du prévôt de *Crosne*. Le conseil s'en préoccupe, les fait surveiller et ordonne qu'elles terminent leurs affaires et quittent la ville. On contraint les habitants de la banlieue à faire guet et garde chez eux, et ceux de la ville montent la garde jour et nuit aux fausses portes (1), aux églises de Saint-Jacques, de Saint-Martin et de Sainte-Savine.

Il est aussi question, et la population s'en émeut, du départ du commandant Boussac (sans doute le maréchal de Boussac), qui abandonne Mussy et y laisse Tristan l'Ermite, en qualité de capitaine, et fort mal accompagné. Tristan demande des munitions de guerre à la ville. Le conseil lui délivre, moyennant argent, un voguelaire et 50 livres de poudre de l'arsenal de la ville, et de plus il lui permet d'acheter à Troyes toutes les arbalètes dont il pourra avoir besoin.

Dans le cours du mois de janvier 1431 (vieux style, 1432 nouv. style), M. de Saint-Bris, seigneur de Vendeuvre, qui suit la foi du duc de Bourgogne, se plaint aux habitants de Troyes des courses faites, pendant la trève, sur ses terres par les gens de guerre placés sous le commandement du bâtard de Villars. Le conseil écrit à celui-ci de rendre au seigneur de Vendeuvre tout ce qui a été enlevé à lui et à ses gens. Et comme M. de Saint-Bris menace de recouvrer ses pertes sur les habitants de Troyes, il lui est répondu que la ville et les habitants de Troyes sont au roi, et qu'ils résisteront contre tous ceux qui, par violence, tenteraient de s'emparer de leurs biens.

Au 15 janvier, Christophe de Harcourt, le Chancelier de France, et messire Adam de Cambray, président au parlement de Paris, sont à Troyes. Ils y passèrent cinq jours à leur retour de Flandres, où ils étaient allés pour les affaires du roi. Vers la même époque, on signale à Troyes la présence du cardinal de Sainte-Croix, qui, selon Monstrelet, venait en France pour apaiser la guerre.

On annonce, le 1er février 1431, que M. le duc de Bourgogne est logé aux Grandes-Chapelles. La garde de la ville est consi-

---

(1) En outre de ses portes, la ville de Troyes avait encore, comme avants-postes, quatre fausses portes : l'une, vers le bourg de Croncels, à peu près à la hauteur du gué actuel ; la deuxième au bourg Sainte-Savine, dite Porte-aux-Bœufs ; la troisième au bourg Saint-Jacques, placée vers la ruelle aux Moines, et la quatrième au bourg Saint-Martin, et nommée fausse porte Saint-Antoine, probablement dans le voisinage de la rue Derne.

dérablement augmentée, et celle de chaque porte est spécialement confiée à quatre ou cinq membres du conseil qui peuvent
s'adjoindre « des bonnes gens à leur discrétion. » La nuit, on
allume des lanternes et l'on tend les chaînes dans les rues.

Le lendemain, à neuf heures du matin, M. le duc de Bourgogne est au faubourg Saint-Jacques, accompagné d'environ
2,000 chevaux. On fit sortir du vin et du pain en grande abon-
dance pour les vendre. Il en fut en outre vendu aux soldats du
duc à la porte de Saint-Jacques, et il n'entra en ville que quelques seigneurs, parmi lesquels se trouvaient M. de Tarneuc,
M. d'Arcis, M. de Saint-Phal, Philibert de Vauldray (1). Après
cette halte, le duc et ses gens allèrent coucher à Montaulin.

Dans le même mois de février, on prend des mesures de sûreté générale et on recommande à Girard Jobert, prêtre, à
cause de ses opinions, de ne pas sortir de chez lui, à moins
qu'il ne veuille quitter la ville dont les portes lui seront ouvertes.

Enfin, dans le cours de l'hiver, le château ou maison forte de
Saint-Liébault a été abandonné par Jean de Chaumont. En partie démoli, les Troyens craignent de le voir réparer par les ennemis du roi. Aussi commettent-ils Odinot de Dijon et Jean de
Mesgrigny « pour veiller à sa complète destruction et y con-
» duire des ouvriers pour en terminer la démolition. »

Au mois de mars, les villages de la banlieue sont menacés
par M. de Chateauvillain qui veut, dit-il, y faire mettre le feu
et faire la guerre à la ville de Troyes. Ce seigneur tient alors les
les châteaux de Chappes, de Marigny et Clérey sous ses ordres (2).
Sur ces menaces, le conseil fait savoir que si on les met à exécution, les habitants de ces trois *villes* doivent craindre des re-
présailles. Dans une assemblée tenue au palais royal, et dans
laquelle on compte 111 habitants, il est décidé que l'on avertira
« les bonnes gens des villages voisins qu'ils pourront se retirer
» avec leurs biens en la bonne ville, mais à la condition que les
» biens qu'ils y apporteront ne pourront en sortir pour servir
» de rançon. »

(1) Il était gouverneur de Tonnerre (Monstrelet).

(2) Ces châteaux appartenaient à la famille d'Aumont et à celle de
Chateauvillain. Cette dernière possédait en outre la seigneurie de
Briel.

Au printemps de 1432, le conseil de ville s'occupa de faire fondre une cloche pour son beffroy. Cette cloche pesait 9,700 livres.

A la fin d'avril 1432, les habitants de Provins et le bailli de Meaux demandèrent assistance aux Troyens afin de les aider à mettre le siége devant *Parvilz*, Dannemarie, Grandpuits et *Mirevault*. Le conseil répondit qu'ayant fait de grandes dépenses pour remettre sous le pouvoir du roi un grand nombre de places, la ville ne pouvait contribuer à des opérations de guerre auxquelles elle n'avait nul intérêt. Et en effet si Troyes avait puissamment aidé à soumettre les villes et châteaux forts de la Champagne méridionale, il fallait encore qu'elle veillât à leur maintien sous l'autorité royale, ainsi qu'aux frontières de Bourgogne. Dans les mêmes jours, les sires de Conflans et de Pruensac demandaient de nouveaux secours contre Pleurres et Anglure retombés au pouvoir des ennemis, secours qui leur furent libéralement et largement accordés, et la ville envoyait sommer, en son nom, les habitants de Marigny (1) de discontinuer des travaux de fortification et ceux qu'ils exécutaient à une porte qu'ils relevaient, à cause du préjudice que ces travaux pouvaient un jour porter à la cause du roi.

Piètre de Soleure et Le Batard d'Istre, capitaines du château de Brienne, sans doute au nom du roi (ce château ayant été assiégé et pris sur ses ennemis en 1431), se plaignent des garnisons de Méry, de Jully et de Chappes qui, chaque jour, vont sur les terres de la seigneurie de Brienne. Le conseil invite ces capitaines à reconnaître l'autorité des conservateurs des trêves, et les renvoie à ceux-ci afin d'obtenir réparation des griefs dont ils se plaignent.

Comme il avait fait l'année précédente, le conseil prend ses mesures pour assurer la rentrée des récoltes. Il fait rompre les gués de la rivière qui avaient été fermés depuis plusieurs mois, et, pour garder les environs, on se met en mesure d'avoir de trente à quarante « chevaucheurs » pour tenir la campagne et rassurer les habitants des villages. Si les cavaliers arrêtent des

---

(1) Cette seigneurie, située en Champagne aux sources de l'Ardusson, appartenait à la famille de Chateauvillain qui suivait le parti du duc de Bourgogne.

délinquants punissables, ils en seront récompensés par l'abandon qui leur sera fait de leurs dépouilles. Les étrangers qui ne veulent pas travailler sont mis hors la ville, il n'y a d'exception que pour ceux qui sont infirmes. L'entrée en ville est refusée aux gens qui quittent la Brie avec leurs femmes et leurs enfants (sans doute à cause du siége de Lagny), mais on leur donne du pain et du vin aux portes pour leur argent.

Le siége de Lagny, par les Anglais, fut encore une occasion où la fidélité de la ville de Troyes à la cause royale fut rudement éprouvée, et cette épreuve ne fut pas la seule de l'année 1432.

Dès le mois de mai, le conseil décide que la ville de Lagny sera secourue autant que les ressources de la ville le permettront. On lève d'abord un impôt de 6 deniers pour livre et par semaine, puis 25 sous par chaque sizaine pour solder les compagnons de guerre qui se rendront au siége, où l'on expédie en toute diligence des hommes et des munitions sous les ordres de M. le bailli, à qui la ville offre 40 livres (1) pour subvenir à ses dépenses.

Dans les premiers jours de juillet, la ville fit parvenir aux assiégés de la poudre et d'autres munitions de guerre. Le roi, ayant de nouveau réclamé des secours et fait savoir que le 20 son armée serait à Château-Thierry, prête à se diriger sur Lagny, le conseil décide, le 12, qu'il enverra à Lagny des armes, des grains et des munitions de guerre, autant qu'il sera possible. Mais, comme les ressources manquent, on se rend à Châlons pour demander la permission de rechercher des grains aux environs, et ce qui pourra être acheté sera conduit par eau à Lagny à cause du peu de sûreté des chemins résultant de la présence des ennemis. En même temps, on s'informe des sacrifices faits par les habitants de Châlons dans l'intérêt de la cause royale. Le 17, partent de Troyes, pour se rendre au secours des assiégés, douze bons arbalétriers et dix-huit bons « couleuvreurs » que les sizaines, composant la garde intérieure de la ville, ont équipés. On envoie avec eux six grosses arbalètes d'acier et des traits en grande quantité. Chaque homme de guerre est payé 60 sous pour quinze jours et chaque voiturier reçoit quatre livres. La ville prend à sa charge la perte des chevaux et des harnais, mais

---

(1) 1,660 fr. de notre monnaie au cours de 1847, suivant Leber.

elle impose les étrangers qui se sont retirés en ville à cause des gens de guerre qui tiennent la campagne. Le conseil est toujours sur ses gardes ; on double la garde des portes, on réunit dans l'arsenal tous les bombardeaux de fer et de cuivre jugés inutiles entre les mains des habitants, et le prévôt est invité à ne pas se rendre à Lagny afin que la ville ne manque pas de chef de justice. Il est bruit que les ennemis, qui ont repris Anglure, menacent de venir attaquer le château de Saint-Lyé, mais l'évêque, à qui appartient cette forteresse, est en mesure de résister.

Après ce siége, qui fut levé le 10 août et où le duc de Bedfort commandait en personne, le conseil arrête que les gens de guerre, envoyés à Lagny, recevront 100 sous t. (1), et chaque harnais 8 liv. (2). Et en outre des charges supportées par laville, le conseil lève sur les villages un impôt de 400 liv. (3).

Dans le cours de l'été 1432, la misère fut grande, car les récoltes de l'année précédente avaient été peu considérables et celles de 1432 presque nulles. Les gens de guerre et l'absence de culture avaient causé cette rareté dans les subsistances. Aussi, le 3 septembre, est-il ordonné aux connétables (4), aux dizainiers et aux sergents de mettre hors de la ville toutes personnes étrangères et inconnues qui mendient. Les hôpitaux reçoivent pour une nuit seulement les personnes qui consentent à y loger, et à la charge de les conserver jusqu'au moment où on les mettra hors de la ville. Des gardes sont placées aux portes pour voir les individus qui s'y présentent ; ceux-ci ne peuvent entrer sans l'avis de l'autorité. Enfin maître Guillaume, l'exécuteur de la haute justice, est chargé de tuer tous les chiens ou de les chasser de la ville. Il reçoit cinq deniers (5) pour chaque chien tué ou mis hors des murs.

Comme nous l'avons déjà dit, les Anglais et les Bourguignons, chassés de la Champagne méridionale en 1431, y reparurent l'année suivante et s'y rendirent maîtres de quelques-unes des places

---

(1) 207 liv. 80 d. au cours de la monnaie de 1847, suivant Leber.
(2) 322 liv.   id.   id.
(3) 16,600 fr.   id.   id.
(4) Habitants chargés par quartier de la cueillette de l'impôt.
(5) Environ 0,85 c.

précédemment abandonnées par eux. Ils reprirent possession notamment des places d'Anglure, de Pleurres, de la ville de Pont-sur-Seine et du château de Foujon.

Dès la fin de mars 1434 (v. st.), les sires de Conflans et Galobié de Pruensac, bailli de Vermandois, et Me Vinchelin de la Tour demandèrent des secours à la ville pour mettre le siége devant Pleurres et Anglure. Ces secours leur furent promis à la condition qu'ils prendraient d'abord Anglure et qu'ils en démoliraient le château.

Le sire de Conflans et le bailli de Vermandois demandaient 25 couleuvrines, 40 arbalétriers fournis de grosses arbalètes et de gros traits, et la grosse bombarde. Dans une assemblée, tenue à l'hôtel de l'évêque, le conseil accorda le gros voguelaire, garni de pierres et de poudre, à la condition de prendre Anglure avant de s'occuper d'aucun autre siége. Le lendemain, dans une autre assemblée tenue en l'hôtel de M. le commandeur du temple, le conseil consentit à délivrer la grosse bombarde et le voguelaire avec les gens et les chevaux nécessaires pour les conduire au siége, 20 couleuvreurs, 20 arbalétriers, 8 charpentiers, 4 maçons et 4 pionniers, pendant tout le temps du siége, de plus 3,000 pains, 20 queues de vin et 800 bichets d'avoine à livrer devant Anglure, et aussi des pelles, des pioches et autres outils au nombre de 200 pièces.

Eustache de Conflans et Me Vinchelin de la Tour promirent de faire conduire à Anglure hommes et munitions, et de les faire rentrer à Troyes après le siége. Ils s'engagèrent à faire démolir les châteaux d'Anglure et de Pleurres aussitôt qu'ils seraient pris et à ne point y laisser de garnison. Ils souscrivirent leur engagement le 31 mars.

Le lendemain, le conseil décida qu'un emprunt serait fait sur les habitants de Troyes et qu'il serait remboursé au moyen d'un impôt levé sur les villages voisins ayant intérêt à la destruction de ces deux places fortes.

Ces pourparlers et conventions, qui font preuve des grands sacrifices que faisait la ville de Troyes à la cause royale, ne paraissent pas avoir eu de résultat, car en septembre suivant les ennemis sont encore à Anglure. Antoine Guéry, prévôt de Troyes, s'est mis en rapport avec le bâtard de Villars, Jean de Chaumont, Boson de Fages, bailli de Montargis et capitaine de Méry,

M. de la Coeste, et d'autres capitaines, tous d'accord entr'eux pour attaquer et se ruer sur Anglure.

L'évêque Jean Léguisé s'est entretenu avec Boson de Fages sur le même sujet. Ce capitaine se fait fort avec 200 hommes d'armes, 300 hommes de trait, la grosse bombarde, les 2 voguelaires et les gens des communes, de prendre et de démolir Anglure. Il offre d'attendre pour le paiement de ses gens, au nombre de 100 hommes, quinze jours après la démolition d'Anglure. « Il se vante » de fournir 40 chevaux pour conduire la bombarde devant Anglure. Nous laissons à penser ce que pouvait être une pièce d'artillerie d'un poids si considérable.

Le lundi 15 septembre, les douze membres du conseil, élus pour traiter avec Boson, se réunissent avec celui-ci, dans l'église de Saint-Pantaléon, pour arrêter l'entreprise du siége d'Anglure (1). Il fut arrêté que la ville de Troyes y contribuerait pour 600 liv.; que Châlons en paierait 300; Epernay, 100; Vertus, 25; Château-Thierry, 100; Montmirail, 100; Sézanne et le Maigny-Volant, 100; Provins, 200; Nogent, 100; Saint-Just et Plancy, chacun 60; Arcis et Rameru, chacun 40; Villemaur et Aix-en-Othe, chacun 20; Villenauxe, 30; et Fère-Champenoise, 100 liv. En tout, 1,995 liv. (2). Le gros voguelaire doit être envoyé à Anglure. On doit demander à Sézanne des pierres afin de charger cette pièce reconnue suffisante pour battre la place. Dans le cas contraire, la ville livrera sa grosse bombarde que Boson de Fages se charge de faire conduire et ramener par ses gens d'armes.

Ce traité, fut le lendemain, approuvé dans une assemblée, tenue à l'évêché, où l'on compta 73 habitants. Quatre jours après, Boson de Fages fit savoir aux habitants de Troyes qu'il avait écrit à ceux de Châlons, de Provins et des autres villes ayant intérêt à la destruction du château d'Anglure, afin de les faire contribuer aux frais de cette entreprise. Tout porte à croire que cette opération a été heureusement conduite. A partir de cette date, il

---

(1) Il n'est plus parlé du château de Pleurres, on peut croire qu'il avait été pris dans le cours de l'été 1432.

(2) Soit 82,792 fr. de notre monnaie, valeur de 1847, selon Leber.

n'est plus question du séjour des ennemis du roi, soit à Anglure, soit à Pleurres (1).

Le dernier mandement que le conseil, élu le 1er octobre 1431, obtint du roi fut celui qui autorisait les travaux à exécuter sur la rivière de la Barse dans le but de la rendre navigable.

La navigation de la Seine était, on doit le reconnaître, d'un grand intérêt pour la ville de Troyes. Elle aidait à l'exportation de ses produits manufacturés et à l'arrivage des matières nécessaires à son industrie comme à sa consommation journalière. Quoique lentes, les communications par eau étaient plus commodes et plus sûres que celles qui s'opéraient par voie de terre. Les abords marécageux de la ville, les nombreux péages, l'absence complète de bons matériaux pour l'entretien des chemins, étaient des obstacles presque insurmontables. Ces difficultés de communication existaient surtout pour la contrée située à l'est de Troyes, qui, à cette époque, n'avait plus de pont du côté de Saint-Parres (2), et la chaussée ne s'édifiant qu'avec beaucoup de lenteur à l'aide des corvées à la charge de la ville et des paroisses renfermées entre Lusigny, Vendeuvre, Bar-sur-Aube et Bar-sur-Seine. L'entretien du passage de Courterange, route d'Allemagne, non moins difficile à traverser que les abords de la ville, était supporté par les mêmes paroisses et la ville de Troyes. Il fut un temps où tout voiturier à vide, sortant de Troyes, prenait près de Saint-Parres un ou plusieurs sacs de grève qu'il laissait au passage de Courterange pour être employée à la réparation de la chaussée.

Cet état de choses nous explique le vif intérêt et toute la sollicitude que le conseil prenait à l'établissement de la navigation

---

(1) Ce siége d'Anglure n'est point rapporté par Monstrelet. Il ne peut être confondu avec celui d'avril et mai 1431, où commandait le brave Barbasan, tué un mois après dans l'armée du duc de Bar, René d'Aujou. A celui-ci, Boson de Fages paraît occuper la première place dans le commandement.

Ce succès appartiendrait plutôt aux communes qu'aux troupes royales; ce qui expliquerait le silence de Monstrelet sur les opérations de ce siége et sur celui de Pleurres qui a dû le précéder.

(2) Un ancien pont de pierres étant hors d'usage, on en arrachait les pierres, en 1439, dans l'intérêt de la ville.

de la Seine et à l'obtention des lettres qui devaient l'autoriser à exécuter les travaux propres à créer la navigation de la Barse. Nulle contrée aux environs de Troyes n'était plus fertile que celle que cette rivière arrose; nulle contrée ne produisait et ne produit encore plus de denrées nécessaires à la vie.

Sur sa demande, la ville obtint du roi des lettres-patentes qui l'autorisèrent à rendre la Barse navigable.

Ces lettres, obtenues à la date du 20 septembre 1432, ne demeurèrent point lettre morte. Des travaux furent immédiatement entrepris depuis Troyes jusqu'à Montiéramey. On doit croire qu'ils ne dépassèrent pas alors l'abbaye dont les bâtiments étaient assis sur les deux rives de la rivière, et ces travaux furent continués pendant les années suivantes.

Le 1er octobre 1432, le conseil de ville fut soumis à l'élection. Le résultat du scrutin donna, sauf quelques noms, les mêmes résultats que l'année précédente. Les membres élus reçurent les mêmes pouvoirs, et prêtèrent serment entre les mains du lieutenant du bailli. Colin Perricart fut ensuite nommé receveur des deniers communs; Guillaume de Pleurres, Jean Le Tartrier, Jean Naget et François de la Garmoise furent nommés maîtres des œuvres; Odinot de Dijon, clerc du guet; Jean Paaillon, clerc des œuvres, et Laurent Tourier resta clerc des habitants.

Ainsi constitué, le conseil continua ses fonctions et ses premiers soins furent de donner des ordres pour la sûreté de la ville. Il fait détruire tous les obstacles qui empêchent de découvrir les approches de la ville. Il fait construire deux doubles rateaux, l'un placé à l'intérieur et l'autre placé à l'extérieur des portes. Une partie des murailles reste à construire, et, où les travaux ne sont pas achevés (de Chaillouet à la Planche-Clément), il fait dresser des palissades auxquelles on fixe des clochettes afin de prévenir le guet des entreprises nocturnes. Les habitants de Preize (Praiere) quittent leurs maisons pendant la nuit; ils se réfugient en ville, mais le conseil les contraint à veiller à la sûreté du faubourg pendant la nuit, sous peine de destruction de leurs habitations.

Les craintes qui dictaient ses mesures n'étaient pas sans fondement, car le 9 décembre les habitants de Troyes reçurent du roi une lettre datée de Celles (sans doute en Berry), du 22 novembre, et leur recommandant de faire bonne garde parce que la ville pourrait être bientôt attaquée.

Le conseil de ville s'oppose à la reconstruction de la porte et du prieuré de Pont. Il en fait porter la nouvelle à Boson de Fages et en écrit aux habitants de Nogent pour leur ordonner de détruire les travaux commencés; puis il retient prisonnier, aux frais de la ville, le prieur Guillaume Léon, qui a dirigé ces travaux.

Mais la partie du service de la cité, qui fut surtout l'objet de la sollicitude du conseil, fut l'approvisionnement de la ville. Les denrées alimentaires manquent de tous côtés; l'hiver est long et rigoureux et les neiges abondantes. Le défaut de récolte et les gens de guerre causent cette disette qui devint bientôt une famine. Le prix du froment s'éleva, dès le mois de novembre, à 60 fr. (monnaie actuelle) l'hectolitre.

Le conseil ordonna et fit faire la recherche des grains chez les habitants. A tour de rôle, ceux qui en possédaient furent obligés d'approvisionner le marché moyennant un prix fixé par le conseil. Pendant plusieurs mois, on mélangea du froment, du seigle et de l'avoine, dans la proportion d'un quart de froment, d'un quart de seigle et de moitié d'avoine. Un membre du conseil présidait à la remise de ce mélange aux boulangers, distingués, à cette époque, en boulangers fromentiers et boulangers seigliers. Mais le peuple se plaignit du pain provenant de cette mixtion, et, en présence de deux notaires et de commissaires spéciaux, on fit des essais avec des grains mélangés dans des proportions diverses (1). Malgré les plaintes, on dût maintenir ce mélange distribué dans des greniers gardés, au nom de la ville, par Pierre des Meures, l'un des conseillers. Mais si le peuple s'était plaint de la mauvaise qualité du pain provenant du mélange ordonné par le conseil, il eut à se plaindre, en janvier et février, non seulement du haut prix, mais de l'absence presque complète de grains; le froment s'éleva, au cours actuel de la monnaie, sur le pied de 85 fr. l'hectolitre, et le seigle sur celui de 60 fr., et encore en manquait-on. Le conseil favorise l'arrivée en ville de tous les grains des environs, et il n'en vient

---

(1) Dans cet essai, on constate que la mine de froment pèse 189 liv. et celle de seigle 152.

point. Les Jacobins, au nombre de douze, n'ont pas de pain; ils sont arrivés à se plaindre qu'ils sont chargés de la nourriture de frère Lynard Berton, religieux de leur ordre du couvent de Lyon, et prédicateur royaliste. Aussi demandent-il que la ville leur donne du pain et des vivres selon ses moyens.

Au mois de mars, le prix du blé s'élève encore; il vaut 100 fr. l'hectolitre. Chaque habitant doit s'en fournir dans son quartier : on le distribue à la halle aux draps pour celui du Beffroy, à la boucherie pour le quartier de Saint-Esprit, à l'hôtel Drapperie pour celui de Comporté, et à l'hôtel de Joinville pour celui de Saint-Jacques, sans que les besoins puissent être satisfaits. Tous les habitants qui ont quelques avances sont priés d'en acheter avec toutes les sommes dont ils pourront disposer. Cette famine dura jusqu'à la récolte. Pour soulager les habitants, on faisait souvent la recherche des étrangers, des vagabonds, des caimands (1) qui, furtivement, s'introduisaient en ville, et on les en chassait en leur donnant un pain afin de leur permettre d'attendre d'autres secours. Au mois de mars, les sizainiers, dizainiers et connétables expulsent tous les gens entrés en ville depuis le 1er octobre précédent.

M. de Chateauvillain, qui suivit longtemps le parti du duc de Bourgogne, épousa la sœur de M. de Trimoille au printemps 1433. Dès le 31 décembre 1432, il demanda à passer par la ville de Troyes. Le conseil rejeta l'objet de sa demande. Renouvelée le 28 janvier, et alors qu'il était logé à Montiéramey, le conseil lui refusa l'entrée en ville, parce que, dit-il, les Anglais sont aux portes de la ville, et que le peuple peut s'émouvoir de sa présence à Troyes après tous les maux et toutes les cruautés que ce seigneur lui a causés. Le 15 mars suivant, après son mariage, M. de Chateauvillain, ayant prêté serment au roi et ramenant sa femme (2) au milieu d'une nombreuse suite, pénétra en ville à ses risques et périls. Le conseil lui rendit les honneurs

_____

(1) De caïmander ; gueuser, mendier, languir de misère.

(2) M. de Chateauvillain était Guillaume du Thil en Auxois, seigneur de Marigny, en Champagne. Il venait d'épouser Isabeau de la Trimoille, veuve en secondes noces de Charles de la Rivière, comte de Dammartin. Ce mariage avec la sœur du favori du roi peut servir à expliquer

dûs à un personnage de son importance, mais « pour l'honneur et révérence du roi. »

En janvier 1432 (v. st.), Me Pierre le Tartrier, lieutenant du bailli, se plaint devant une nombreuse assemblée des rapports fâcheux faits au roi dans une lettre écrite au nom des habitants de Troyes. Le clerc de la ville se défend contre une imputation qui l'inculpe directement, puisque seul il est chargé de la correspondance de la ville avec le roi. Il fut bientôt reconnu que Me le Tartrier avait été victime d'une calomnie portée au roi par une lettre fausse. Pour éviter à l'avenir une pareille fraude, le conseil fit « faire un sceau commun et un petit signet armorié » des armes de la ville dont toutes les lettres adressées au roi, » au nom de la ville, devaient être marquées, après avoir été si- » gnées par deux notaires. Puis il avertit le roi de n'ajouter foi » qu'aux lettres qui seront signées et scellées comme le conseil » l'a ordonné. »

Au 28 janvier 1432 (v. st.), les Anglais se sont emparés de Pont-sur-Seine. Le conseil se préoccupe vivement de la présence des ennemis dans la contrée. Il convoque le lendemain les habitants, et dans une nombreuse réunion (108 hab.) il est décidé qu'on emploiera ses ressources à chasser les Anglais de cette ville de Pont, situation importante à cause du passage à travers les marais de la Seine. On prépare de l'artillerie et des munitions de guerre, on se précautionne de pavois (boucliers) faits en bois (1) pour établir le siége. Puis il fut décidé que dès le lendemain on lèvrait quatre hommes par sixaine, lesquels se dirigeraient de suite sur la ville de Pont. Antoine Guéry, prévôt de Troyes, qui se trouvait à Méry avec Boson de Fages, capitaine de cette ville, écrivit aux Troyens à ce sujet. Le conseil

---

la soumission à Charles VII du sire de Chateauvillain, l'un des plus puissants seigneurs bourguignons.

Yolande de Chateauvillain, sœur de Guillaume, était femme de Jean d'Aumont, seigneur de Chappes et de Cléréy, dont les deux fils Jacques et Guillaume avaient soutenu l'attaque de Barbazan dans leur château de Chappes, en 1431.

(1) On employait le plus souvent des tonneaux désignés sous le nom de queues que l'on partageait en deux, et derrière lesquels un ou plusieurs hommes pouvaient s'abriter.

délègue Jacques de Valières pour se rendre à Méry avec mission de leur dire que la volonté de la ville de Troyes est de chasser les ennemis de Pont et de les en déloger, quoiqu'il pût coûter à la ville qui, au besoin, fera tous les frais de la guerre. A l'instant il est décidé qu'il sera choisi dans chaque sixaine deux hommes bien équipés, bien armés et de bonne réputation « afin » qu'ils puissent reluire entre ceux qui déjà ont été envoyés en » l'armée. »

Les Anglais n'occupent pas seulement la ville de Pont et le château de Foujon, ils sont répandus aux environs, ils tiennent les places d'Orvilliers, d'Origny et des Chapelles. Boson propose de les expulser, mais les gens du conseil objectent que, les chasser de ces lieux, ce serait perdre le pays, la culture serait impossible et les récol'es dont on a tant besoin seraient perdues; qu'il faut donc attendre.

Malheureusement les Anglais s'étaient fortifiés dans Pont. Les Troyens ne purent de suite se rendre maître de cette place avec les seules forces dont la contrée pouvait disposer. Le 7 février, une lettre de M. de Giresmes apprend aux Troyens que leur ville doit être attaquée. Avant d'employer ses ressources à chasser l'ennemi de la contrée, la ville de Troyes dut songer à sa propre sûreté. Le conseil fit savoir ces nouvelles aux habitants de Châlons, puis il écrivit au roi une lettre que nous rapportons en entier :

« Nostre naturel et souverain seigneur, tres humblement nous
» recommandons à vostre tres excellant et royal mageste a la-
» quelle il plaise savoir que les Anglois vos anciens ennemis et
» les nostres se sont puis naguieres boutez dedens la ville de
» Pons-sur-Seine qui est passage à leur avantaige pour aler et
» venir espais de Champagne et Brie sens dangier environ No-
» gent-sur-Seine et assez près de Bray et Sezanne se sont effor-
» cez et efforcent de la ramparer et fortiffier laquelle chose ve-
» nue a nostre congnoissance avons fait savoir à Monsieur le
» bailli de Montargist et au bourc (1) de Villars afin que eulx
» et nous nous peussions joindre ensemble pour les desplacer et
» rebouter. Et pour ce faire avons mis sus des gens de ceste ville
» jusques au nombre de trois cens cinquante combatens que

(1) Bâtard.

» avons envoiez avec ledit Monsieur le bailli, le prevost de ceste
» ville et ledit de Villars et sont alez pres dudit Pons en en-
» tencion de rebouter lesdits Angloix ce que faire nont peu pour
» la grant multitude et puissance diceulx Angloix et ont este
» yceulx noz gens en nécessité deulx hativement retourner ou
» autrement ilz feussent vraysemblablement peu cheoir en évi-
» dent péril et dangier, car le landemain du retour de nosdites
» gens arrivèrent audit Pons Vᵉ combatens angloix avec IIIᵉ qui
» desja y estoient comme rapporte nous a este et depuis leur
» venue en nous toujours approchant ont mis hors de vos-
» tre obéissance la forteresse de Foujon, les fors Moustiers de
» Gelennes et d'Origny et si ont brulee toute la ville dud Ori-
» gny en laquelle il avoit plus de soixante bons mesnages et
» sont desja a cinq lieues pres de nous dedans iceulx fors Mous-
» tiers lesquels empeschent et empescheront tout labour et
» toute marchandise ou pays de Champagne. Et se nous a este
» rapporte que le conte Darondel est arrive a Paris et que brief
» doit venir à Provins pour soy bouter a puissance oudit
» pais. Quant par aulez de Bourgogne sont les Bourguignons
» assemblez en grant nombre et pource ne puet et ne pourra
» riens venir en ceste ville dun coste ne dautre et doubtons
» qu'ils ne se joignent ensemble pour faire quelque desroy en
» ycellui pais de Champagne y prendre pié et conquerir places
» qui est chose tres aisiee a faire se ilz ny treuvent résistence.
» Et toutes ces choses sont advenues par faulte de chief de
» guerre puissant a la deffence dudit pais et aussy parceque voz
» gens des garnisons de pardeca ont empesce tout labour ont
» prins pilles raenconnez et appatissez voz subgiez et leur ont
» fait souffrir maulx innumerables oultre et avec les maulz que
» semblablement leur ont fait et font voz ennemis dont plu-
» sieurs foiz et derrenierement vous avons rescript senz ce que
» sur ce y ait eu aucune provision. Si vous supplions tres hum-
» blement nostre naturel et souverain seigneur que il vous
» plaise avoir pitié et compassion de voz pauvres subgez de-
» morans oudit pays de Champagne et de hativement y pour-
» veoir et mectre telle provision que il ne chee en destruction et
» vraysemblablement en totale perdicion car nous congnoissons
» et veons clerement que inconveniant irreparable sen ensuivra
» se briefve provision ny est mise par vous et ny pourrions
» senz vostre bonne provision y remedier laquelle a vous nostre

» naturel et souverain seigneur tres humblement nous reque-
» rons prians au benoist fils de Dieu qui vous doint bonne vie
» et joie de vostre noble lignee. Escript en vostre ville de Troies
» le VIIe jour de feuvrier.

» Au roi nostre	» Voz humbles subgez et obeissans
» naturel et souverain	» les gens deglise bourgeois et ha-
» seigneur. »	» bitans de vostre ville de Troies. »

Le lendemain le conseil écrivit aussi à M. Nicole de Giresme, chevalier, afin de l'informer de ce qu'il a fait savoir au capitaine de Nangis concernant l'entreprise projetée au préjudice du roi et de la ville de Troyes. Il instruit aussi les habitants de Nogent de l'intention d'attaquer Pont, et leur demande ce qu'ils veulent faire à cette occasion. Par sa lettre du 19, M. de Giresme confirme sa première lettre arrivée le 7 à Troyes.

La réponse du roi se fit attendre, ce ne fut que le 20 mars qu'elle arriva à Troyes avec une lettre de M. de la Trimoille, toutes deux datées du dernier jour de février (1). On doit croire que ces lettres donnèrent quelques espérances aux habitants de Troyes. Avant leur réception, le conseil avait déjà demandé au « roi un puissant chef de guerre. »

On vient de voir ce qui se passait du côté de la Champagne et de la Brie. Du côté de la Bourgogne, les dispositions n'étaient pas plus favorables.

Le 22 février, on apprend en ville la prise du château de Jully par les Bourguignons, et, comme l'ennemi approche, le conseil décide que la porte de Saint-Esprit ne sera pas ouverte pendant une huitaine de jours. Une partie de la population qui s'y est réfugiée et les gens originaires de la terre d'Isle appartenant au comte de Nevers, qui se tiennent habituellement au quartier de Croncels, et qui chaque jour sont « à grands troup-
» peaux vers la porte, » sont contraints d'aller habiter le quartier de Comporté. Les gens de la ville de Mussy ont parlementé avec les ennemis, on redoute qu'ils ne se rendent aux Bourguignons et pour les encourager à la résistance et à se maintenir dans l'obéissance du roi on leur écrit en leur envoyant des

---

(1) Le roi alors se trouvait dans les environs de Chinon.

ordres. On engage « Fortespice (1) » à les reconforter, et on lui signifie que M. de Chateauvillain a prêté serment au roi.

Dans les premiers jours de mars, la ville de Mussy est dans une si profonde misère qu'il arriva à Troyes 90 femmes de cette ville pour y chercher du grain. Elles s'y rendirent sans argent n'en ayant pas même pour satisfaire aux besoins du voyage. Le conseil leur fit délivrer 6 septiers de seigle (environ 16 hectolitres) et 40 pains. Puis comme (17 avril) il est parlé de la prochaine arrivée du duc de Bourgogne dans la contrée, on invite Tristan l'Ermite, capitaine de la ville de Mussy, à faire bonne garde, et on lui dit « qu'il est commune renommée qu'il » doit mettre Mussy aux mains des ennemis sans combat et » par convoitise d'argent. »

Mme d'Arcis, veuve de Philippe de Poitiers (2), s'était réfugiée à Troyes, et comme ses relations étaient établies avec la famille de Nevers et qu'elle possédait des terres en Flandres, les messagers qu'elle envoyait en Flandres et en Bourgogne sortaient de la ville sans qu'on se préoccupât de ces voyages. Mais à partir de ce jour, on prévint l'un d'eux, le messager Pas d'Argent, qu'il eût à faire connaître ce qu'il portait et le lieu où il se rendait.

Pendant tout l'hiver de 1432, la ville de Troyes avait eu pour prédicateur un frère Liénard Breton, jacobin de Lyon, qui remplit son office avec le plus grand succès. Ces prédications n'étaient pas seulement religieuses, elles exhortaient avec ardeur à l'obéissance envers le roi. Les habitants le tinrent en grande considération. Aussi disaient-ils qu'en raison de ses excellentes prédications, on préférerait voir quitter la ville par frère Didier, frère Etienne, que par frère Liénard Breton (3). Il resta à Troyes de novembre jusqu'à Pâques, époque à laquelle il se rendit à Châlons, porteur de pressantes lettres de recommandation.

Le 14 avril 1433, la ville reçut de M. le chancelier, Regnault de Chartres, de M. Christophe de Harcourt et de Me Jean Raba-

---

(1) Il commandait pour le roi à Avallon en 1433 (Monstrelet).

(2) Ce serait Catherine Paillart, fille de Philibert Paillart, président au parlement de Paris.

(3) On appelait aussi ce prédicateur Lionnet Breton.

teau une lettre qui informait les habitants les tentatives infruc-
tueuses qu'ils ont faites pour arriver à la paix. Ils s'étaient
rendus à Melun pour les conférences (1). Il s'agit ici des conférences tenues à Seineport, entre Melun et Corbeil.

Le dimanche 3 mai, « un poursuivant du roi, » nommé Ambleville, arriva à Troyes et déclara sur son honneur qu'un
écuyer de grand bien et de grande réputation lui avait affirmé
que dans le délai de deux jours la ville de Troyes devait être
mise aux mains des Anglais; que pareille entreprise avait été
faite à Rouen, d'où il paraît venir. Ambleville avait chevauché
nuit et jour, et craignait de ne pas arriver à temps pour en prévenir les habitants. Quelques jours après, les Troyens reçurent
une lettre des habitants de Langres par laquelle ils leur annonçaient leur soumission au roi. Aussitôt le conseil de ville
s'empresse de faire porter cette bonne nouvelle à Châlons, à
Reims et encore ailleurs.

M. de Chateauvillain, en même temps qu'il rappelle son serment prêté au roi, réclame à la ville l'assistance de gens de
guerre dont il a besoin. Le conseil s'excuse du refus qu'il lui
fait parvenir sur ce que les compagnons de guerre sont en dif-
férents lieux et que l'ennemi n'est pas loin. Ce seigneur demandait ces secours pour soutenir sa lutte contre Antoine de Vergy
et les autres seigneurs bourguignons qui attaquèrent les nombreuses places fortes qu'il possédait. Les Troyens ne voyaient
dans cette lutte que les suites du changement de politique de ce
seigneur qu'ils n'aimaient pas et qui pendant longtemps leur
avait causé beaucoup de mal.

On peut être étonné de l'activité déployée par le conseil en
faveur du développement du commerce et de la navigation, au
milieu des vives préoccupations résultant de la guerre. Dans le
courant de mai, on pourrait se croire en pleine paix par les
soins que le conseil prend, pendant quelques jours de repos,

---

(1) « En laquelle assemblée furent leues les lettres envoyées à la
ville par Monsieur le Chancelier, mess. Christophle de Harecourt et
maistre Jehan Rabateau touchant ce qu'ils sestaient transportez a Me-
leun pour le fait de la paix et la maniere comment ilz avaient pro-
cede qui ne sortist aucun effect. »
Arch. mun. ser. A. n° 1er.

pour arriver à mettre la Seine et la Barse en état de porter bateau.

Mais cette sécurité ne fut pas de longue durée, il fallut, dès le 25 mai, revenir aux préoccupations habituelles. Le duc de Bourgogne et ses troupes s'approchent de la ville, et le bruit court qu'ils doivent y entrer le 6 juin. Les habitants se mettent sur leur gardes; ils construisent des barrages dans la rivière, près de l'église Saint-Jacques, afin de retenir les eaux, les murailles n'étant pas achevées; ils visitent les arsenaux et les remparts. Ils avertissent le roi de l'arrivée des Bourguignons, ils prient le bailli de se rendre parmi eux, et ils expédient des messagers à Reims et à Châlons.

Le 29, des lettres de plusieurs grands seigneurs confirment les habitans de Troyes dans l'approche des Bourguignons et de leur intention de s'emparer de la ville. Sur ces nouvelles qui donnent de sérieuses inquiétudes à la population, il est décidé que tout homme, âgé de moins de 50 ans, sera armé d'un bâton à feu « pendant ces doutes; » qu'il ne sortira de la ville ni blé, ni farine, ni pain « sans passeporte » du maître boucher, que rien ne sortira par la porte de Croncels, et que personne ne se tiendra près des portes, notamment « le populaire et gens » de petit état. » Enfin, il est conclu que, sous peine de la hart, il ne sera parlementé avec aucun des ennemis, et que sous pareille peine on ne recevra aucune lettre d'eux. Puis le conseil décide que l'on chassera de la ville les femmes et les enfants des hommes qui, sans permission, sont allés habiter en pays ennemi, ainsi que les étrangers qui se tiennent près et en dehors des portes.

Sur la nouvelle que les ennemis « font leurs montres » ou revues à Flavigny en Auxois et qu'ils se disposent à se diriger sur Troyes; il est décidé que la porte de Croncels sera tenue fermée, à l'exception du guichet et de la planche qui servent aux gens de pied. Quelques jours après les ennemis sont signalés dans les environs; ils courent sur les gens des villages jusqu'aux portes de la ville, et prennent et rançonnent hommes et bétails. On craint que les moissons ne puissent se faire. Le conseil donne alors mission à Pierre Fautriey, à Me Jean Hennequin, à François de la Garmoise, à Franquelaure, à Robert de Courlande et à Guillaume de Pleures, de s'entendre avec les gens de la ville qui font profession des armes. Ces commissaires leur feront

savoir que la ville serait satisfaite « s'ils voulaient courir sus à
» leur aventure sur les ennemis, que le produit des prises se-
» rait leur profit et que des corps ils en feraient à leur volonté.
» S'ils prennent quelques bons prisonniers, qu'ils les gardent
» afin qu'on puisse au besoin les échanger contre les habitants
» qui tomberaient aux mains des ennemis. »

Dès le lendemain de cette délibération, le 11 juin, les commissaires désignés par le conseil rapportent qu'il y a un certain
nombre d'hommes disposés à servir la ville, mais qu'ils ne s'ar-
meront et n'achèteront de chevaux que si Jean le Champenois,
bon compagnon de guerre, natif du pays et qui n'oserait faire
que le bien, veut se rendre en ville pour la servir. Le conseil
demande le Champenois, alors capitaine du château de Rosnay,
et l'invite à se rendre à Troyes « pour son très-grand profit. »
Fautrley et Guillaume de Pleurres ont vu le Champenois, capitaine de gens d'armes. Ils lui ont fait entendre que, natif de
Troyes, il devait aimer, soutenir et favoriser la ville contre ses
ennemis, laquelle placée en pays de frontière, lui et ses compagnons pouvaient y trouver honneur et profit. Le Champenois ac-
cepta les ouvertures qui lui étaient faites au nom de la ville, mais
à la condition qu'il logerait avec ses hommes au château de St-
Lyé. Ses compagnons étaient trop pauvres, disait-il, pour habiter
la ville, il les perdrait, puis « ils s'appaillardiraient et il ne pour-
» rait bientôt plus les employer. » A cette condition, il s'enga-
geait à servir la ville sans rien prendre sur la terre de St-Lyé,
sur les sujets du roi, ni dans les châtellenies de Rameru, d'Arcis, de Plancy et de St-Just; il remettrait, à la première réquisi-
tion, le château de St-Lyé entre les mains de l'évêque ou de Messieurs de la cité; et donnerait « son scellé » de son engagement
auquel il ferait consentir toute sa troupe, sans aucun autre profit pour eux que de prendre 20 sous de rançon par homme ou
par tête de cheval, de vache ou de bœuf. S'il prenait sur les ennemis des bestiaux reconnus pour être la propriété des sujets
du roi, il consentait à les remettre à qui de droit moyennant le
tiers des sommes ci-dessus fixées.

Après le rapport des commissaires, M. l'évêque et Messieurs
de la ville émirent bien des doutes sur l'exécution des condi-
tions souscrites par le Champenois, et ils n'avaient pas tort.
Mais l'évêque ayant accordé le château de Saint-Lyé à Jean le
Champenois, celui-ci jura et promit par serment d'exécuter

toutes ces choses « loyalement sans malengin et de ce bailla
» son scellé. » On devait en effet douter de la sincérité des engagements d'un capitaine de gens d'armes. Dans le même moment
le conseil se plaignait à Boson de Fages, de la conduite de ses
gens qui tenaient la campagne, et qui avaient démoli le château
de Colas-Verdé (Charmont). Le conseil veut les faire prisonniers.

Dans ces mêmes jours, le sire Eustache de Conflans annonce
à l'évêque l'arrivée du duc de Bourgogne aux environs de
Troyes, ainsi que la division qui existe en ce moment entre le
duc de Bourgogne et le duc de Bedfort (Bechefort) : le premier
reprochant au second une lettre injurieuse relative aux trêves
qu'il a souscrites avec le roi.

Aussitôt après le traité fait entre lui et la ville, le Champenois se met en possession du château de Saint-Lyé. Mais la trêve
générale, consentie par le roi, doit rendre le calme dans la contrée et le service des gens de guerre paraît moins nécessaire.
Aussi le conseil fait-il appeler le Champenois afin de lui pro-
poser de rester à Saint-Lyé avec neuf hommes seulement. Dans
l'assemblée, tenue en l'hôtel de l'évêque, le Champenois, après
des pourparlers assez longs, ne voulait point modifier les conventions arrêtées quelques jours auparavant. Il consentit cependant à ne rien prendre sur les sujets du roi « pourvu qu'ils eus-
» sent aveu. Si toutefois M. le bailli ou M. le prévôt avaient
» quelques entreprises, il les accompagnerait très-volontiers. »

Le 23 juin, on annonce de nouveau l'arrivée de M. le duc de
Bourgogne. Le conseil défend de parlementer avec lui, ou avec
aucun de ses gens. Pour plus de sûreté, les portes de la ville seront tenues fermées; on rompra tous les gués de la Seine, depuis
St-Lyé jusqu'au pont de Sencey, et on enlèvera les fers de tous les
moulins depuis St-Sépulcre (Villacerf) jusqu'au moulin de la Ma-
ladrerie-des-Deux-Eaux. Le duc n'arriva en vue de la ville de
Troyes avec son armée, ayant « avant-garde, bataille et arrière-
» garde, » la duchesse alors enceinte et ses femmes, que le 3
juillet. Le duc passa la nuit à Lavau (1), et son armée se répandit dans les environs de Troyes jusqu'au faubourg St-Jacques.
A chacune des portes on plaça une bannière aux armes royales,

_____

(1) Hameau dépendant de la commune de Pont-Ste-Marie, à quatre
kilomètres au-dessous de Troyes.

et l'on garda, à Troyes, afin de rassurer les habitants, Thibaut de Termes, bailli de Chartres, messire Denis de St-Savin, chevalier, Simon Lemaire, Guillot de la Salle, Jean le Champenois et leurs gens. Le conseil de ville écrivit au roi afin de l'instruire du passage du duc de Bourgogne, « de sa puissance et » du lieu où ses gens étaient logés. »

Le duc, accompagné d'un grand nombre de chevaliers et d'écuyers et de son armée, composée de 6,000 combattants, délogèrent le 6 juillet, au matin, et se dirigèrent sur Chappes. Là, vinrent à lui les seigneurs de Bourgogne auxquels il fit joyeuse réception et avec lesquels il tint conseil. Il fut décidé que la duchesse irait à Châtillon et y séjournerait, et que le duc mettrait le siége devant Mussy, alors au pouvoir du roi; ce qui fut fait. Les habitants de Mussy se préparèrent à la défense, mais voyant la puissance du duc et n'ayant pas l'espoir d'être secourus, il arriva ce que les Troyens craignaient depuis longtemps. Les gens de guerre traitèrent avec les commissaires du duc. Ils purent quitter la ville en emportant leurs biens. Ils se dirigèrent sur St-Florentin. Le duc laissa un capitaine à Mussy et alla rejoindre la duchesse à Châtillon. Son armée se dirigea vers Tonnerre, où bientôt elle assiégea les places de Lesines et de Pacy-sur-Armançon (1). Puis elle s'empara de Dannemoine, d'Ervy, de Coursan, de Maligny, de St-Phal, de Chitry et d'autres forteresses au nombre de vingt-quatre (2).

Après cette expédition à laquelle le duc assista, et qui fut commandée par Jean de Croï, le duc et son armée se dirigèrent vers Dijon.

Jean le Champenois, sans doute peu satisfait des trêves, demanda des secours à la ville qui lui accorda deux muids de froment et quatre muids d'avoine. Mais elle lui refusa « la haque-

---

(1) La ville de Troyes vendit de la poudre aux capitaines de Pacy, de Lesines, de St-Florentin, ainsi qu'à Pierre de Villiers, capitaine du château de St-Phal.

(2) La chronique de Monstrelet (édition du Panthéon littéraire), où nous puisons ces derniers faits, nomme en outre *Secalofloug* et *Sabelly*, lieux qu'il est impossible de reconnaître, soit dans le département de l'Aube, soit dans celui de l'Yonne.

» née » de Robert de Colas-Verdé, quatre cuirasses, quatre sa-
lades et quatre arcs garnis de trousses qu'il lui demandait.

La séance du conseil de ville du 28 juillet, tenue au chapitre
de l'église de St-Loup, fut l'écho d'un grand nombre de plaintes.
M. de Chateauvillain fait savoir ses griefs contre Jean le Champenois, celui-ci se plaint de Mᵐᵉ d'Arcis qui témoigne son mécontentement contre Jean de Chaumont. Le conseil fait ses efforts
pour calmer toutes ces plaintes en écrivant aux uns et aux autres, et, de plus, il décide que le procureur du roi, bien accompagné, se rendra à St-Lyé pour inviter Jean le Champenois à
quitter la place et à la remettre aux mains de l'évêque, dans l'é-
tat où il l'a prise.

Mais le Champenois ne voulait pas abandonner une si bonne
position. Il répondit aux délégués de la ville qu'il n'avait nullement l'intention de sortir de Saint-Lyé, parce qu'il n'avait pas
de logement. Le logis de Beaumont-en-Argonne, que lui avait
accordé M. de Conflans, était occupé par Buirette. Cependant,
pour contenter Messieurs de la ville, il consentait à ne conserver que dix hommes d'armes avec lui, pourvu que la ville lui
donna un muids de froment, autant de seigle, quatre muids
d'avoine, quatre queues de vin, une robe et six marcs d'argent
en six tasses. A cette condition il consentait à quitter Saint-Lyé
au premier jour de l'an, ou plutôt s'il pouvait trouver à se
loger.

La ville refusait de consentir aux exigences de Jean le Champenois, lesquelles s'augmentaient à chaque fois qu'il était traité de
sa sortie de St-Lyé. Un jour le conseil acceptait ses propositions
et demandait la visite du château pour s'assurer s'il n'y avait
pas eu de travaux compromettant sa sûreté. Mais le lendemain,
ce fâcheux défenseur voulut que la ville prît à sa charge et lui
remboursa la somme de 28 saluts d'or que lui devaient deux
habitants faits prisonniers par M. de Vergy et dont il s'était
porté caution. De guerre las, le conseil acheta « la haquenée »
du receveur Robert de Colas-Verdé pour 18 saluts, la remit à
Jean le Champenois avec trois tasses d'argent « verrées et mar-
» telées » avec leurs étuis (ces tasses provenaient des bouchers
qui, chaque année, en remettaient douze à la ville pour la la-
drerie) et 28 saluts d'or, bien que la ville n'y fût point obligée.
Mais le conseil voulait éviter de plus grands inconvénients. Aussi
les conseillers de ville, M. le bailli à leur tête, fournissent-ils

l'argent nécessaire pour acquitter la ville envers Jean le Champenois et pouvoir l'expulser de Saint-Lyé. Enfin, le Champenois reçut en total 122 liv. 6 sous 6 d., c'est-à-dire environ 5,000 fr. de notre monnaie, pour abandonner la place de St-Lyé.

Dans le cours de l'année 1433, la ville envoya plusieurs messagers au roi. Entr'autres, au mois d'août, Jacques de Vallières alla trouver Charles VII qui, de Celles en Berry, écrivit aux Troyens que leur conduite l'avait pleinement satisfait. Le conseil, en offrant ses services aux villes d'Ervy et de St-Florentin, leur envoie copie de la missive royale.

Vers cette époque, le conseil veut emprisonner des habitants de Payns, jusqu'à ce que des fortifications qu'ils ont établies soient démolies.

En septembre, Robert de Baudricourt (1) expédia un de ses chevaucheurs aux habitants de Troyes, afin de les prévenir d'une prochaine entreprise projetée contre la ville par les Bourguignons. Cette nouvelle fit prendre des mesures de sûreté usitées en pareilles circonstances. Mais encore cette fois la ville ne fut point attaquée.

Si plusieurs places, tenues par les Français ou gens du parti du roi, tombèrent au pouvoir des Bourguignons ou des Anglais dans le cours de l'année 1433, les habitants de Troyes eurent la satisfaction de voir replacer sous l'autorité de Charles VII plusieurs villes et châteaux, après des opérations où ils tinrent toujours la place la plus importante. Ils fournirent des secours à Montiéramey pour repousser les Bourguignons qui voulaient l'assiéger. Ils payèrent les frais des siéges de Villemaur et d'Aix-en-Othe, où la ville avait envoyé son artillerie et ses hommes. Et, si elle dépêche au roi le jacobin, frère Denis Jolicœur, pour lui annoncer la reprise du château de Jully, c'est qu'elle a aussi coopéré à l'assaut que ce château a eu à supporter.

L'année 1434 se passa sans doute sans que population troyenne fut continuellement dans les craintes de l'ennemi. Cependant le calme ne put être complet à cause du voisinage si proche des limites de la Bourgogne et des terres et seigneuries possédées dans le bailliage de Troyes par des seigneurs qui suivaient la foi

---

(1) Celui qui, de Vaucouleurs, conduisit Jeanne Darc près du roi.

du duc, comme étaient ceux de Villemaur, de Marigny, de Plancy, d'Arcis, de Brienne, de Jaucourt, de Vendeuvre, etc., qui,
de toutes parts, isolaient la ville de Troyes des contrées qui
étaient soumises au roi. Car, on ne peut l'oublier, ce fut sa situation politique et son voisinage avec les terres des ennemis
du roi qui fut la cause principale de la perte, non de son titre
de capitale qu'elle conserva jusqu'au dernier jour, mais des pré-
rogatives attachées au chef-lieu administratif d'une grande province. Dans le cours de cette année 1434 on cite encore le siége
et la prise de Provins sur les troupes royales. En avril, Philibert
de Vaudrey menace Montiéramey, et en août, la place de Gran-
cey est assiégée.

La joie dût être grande à Troyes lorsque M. le connétable,
M. le chancelier, M. le maréchal, M. de Bourbon Vendôme,
Messire Jean de Chenery et Tristan l'Ermite, prévôt des maré-
chaux, y arrivèrent pour proclamer la paix signée à Arras entre
le roi et le duc de Bourgogne. Si l'amour-propre des habitants
put être flatté du choix fait par les nobles contractants du marc
de Troyes pour préciser, dans le traité d'Arras, la valeur des
400,000 écus d'or, prix du rachat de certaines villes de Picar-
die, leur enthousiasme dût être à son comble, lorsqu'ils entre-
virent la fin de leurs souffrances, et que l'espérance de se livrer
en toute sécurité au travail, à l'industrie, au commerce, put
entrer dans leur cœur. Ils oublièrent bien vite leurs angoisses
et leurs misères passées. Aussi témoignèrent-ils avec bonheur
le sentiment qu'ils ressentaient si vivement aux commissaires
du roi, en leur faisant des présents et en les indemnisant largement de toutes les dépenses qu'eux et leur suite avaient pu faire
dans leur ville.

Le chapitre que nous achevons a montré les habitants de
Troyes attachés à leur roi. Ils ne subirent dans leurs murs le
pouvoir étranger que parce que la ruse et la fourberie les avaient
placés sous le joug des ennemis de la France et de leur naturel
et souverain seigneur. Car il faut, pour être vrai, distinguer
souvent, et notamment dans les événements de 1429, entre les
agents d'une autorité imposée par la force et la population im-
puissante contre des agents, presque toujours détestés.

Aussitôt que les circonstances le permirent, les Troyens répu-
dièrent une autorité que la contrainte seule avait pu leur faire
subir. Tous les agents du pouvoir qui tomba devant la noble

héroïne de la France, le 9 juillet 1429, ou rentrèrent dans l'ombre, ou quittèrent la ville, ou payèrent de leurs têtes leur attachement au pouvoir déchu. Les Troyens prouvèrent leur profond attachement à leur souverain par leur prompte soumission alors qu'il se présenta à leurs portes; par leur coopération active, libérale et spontanée à une guerre nationale, qui, pendant cinq ans, eut pour théâtre les contrées renfermées entre la Marne, la Seine et l'Yonne; enfin, par leurs bons soins à se garder eux-mêmes, sans le secours d'autrui, sans l'assistance des troupes royales et par la construction de solides murailles qu'ils élevaient et entretenaient avec leurs ressources et celles des populations voisines, et derrière lesquelles celles-ci trouvaient hospitalité et sécurité. Les hautes murailles et les fossés profonds qu'ils creusèrent à leurs pieds ne préservèrent pas la ville de nombreuses menaces, mais la sauvegardèrent de toute attaque de la part de ses ennemis qui n'étaient que ceux du roi.

Les habitants de Troyes avaient déjà, comme ils l'ont encore aujourd'hui, la mémoire des services rendus, déjà ils applaudissaient aux nobles caractères en faisant prononcer par leur évêque, en face de toute la population, l'éloge de Barbazan, le brave et loyal chevalier dans lequel ils avaient, à si bon droit, mis toute leur confiance.

En 1435, nous laissons la ville de Troyes épuisée, les campagnes ruinées. Car combien de villages pillés, brûlés, détruits à cette douloureuse époque. C'est de ces mauvais jours que date surtout la destruction des églises de nos contrées qui, des siècles antérieurs, n'ont conservé que quelques restes, que quelques fragments, et dont les réparations portent le cachet de la dernière moitié du xve siècle et des premières [années du xvie. Les populations rurales souffrirent encore longtemps après la signature de la paix d'Arras des suites de leur attachement à leur roi, mis à de si rudes épreuves.

Le chapitre suivant commencera par le récit de quelques tristes souvenirs laissés par la peste, suivante obligée de la guerre et de la famine, si elle n'en est pas la compagne. Il nous apprendra le développement industriel et commercial de la ville de Troyes et l'importance que prit et sut conserver cette cité parmi les villes de France. Il nous dira qu'elle fut la prospérité de ses habitants, après vingt-cinq ans de paix. Alors comme aujourd'hui, les Troyens ne puisaient leur honneur, leur fortune, leur

5

bonne renommée, que dans un fidèle et généreux attachement à leur souverain, dans un travail persévérant, dans des principes d'ordre, d'économie et de loyauté qui appelèrent un certain nombre d'entr'eux aux plus hautes charges du royaume, et tous peuvent en être fiers, parce que ces principes constituent les bases essentielles des bonnes relations qui existent entr'eux d'abord et ensuite avec les étrangers qui depuis de longs siècles ont su apprécier la solidité et la sécurité de ces relations.

TROYES, TYP. DUFOUR-BOUQUOT.

www.ingramcontent.com/pod-product-compliance
Lightning Source LLC
LaVergne TN
LVHW022120080426
835511LV00007B/927